W0229367

Knaur.

Knaur.

Über die Autoren:

Dr. Holger Schlageter, Jahrgang 1973, ist Theologe und Psychologe. In seiner therapeutischen Praxis beschäftigt er sich hauptsächlich mit Familien- und Beziehungsthemen. Außerdem berät er als Trainer und Coach Führungskräfte in internationalen Konzernen. Für den Hessischen Rundfunk ist Holger Schlageter der Experte für Beziehung und Zusammenleben und hat dort seit 2004 seine eigene Beratungssendung. Über die Jahre hat er gelernt: »Egal ob Handwerker oder Topmanager, wir sind alle Kinder – mit Talenten und Macken. Und mit unserer Familie fängt alles an.«

Patrick Hinz, Jahrgang 1973, arbeitet als freier Marketing-Berater sowie Werbetexter und Online-Redakteur. Als Autor beschäftigt er sich seit vielen Jahren mit den Themen Beziehung, Liebe und Familie. Genau wie alle anderen ist Patrick Hinz auch Kind. Und eines von manchen, die das Glück hatten, wohlbehütet in einer »intakten« Familienstruktur aufzuwachsen. Was er dort lernte und erlebte, inspirierte ihn, zusammen mit Holger Schlageter, ein Buch über die Höhen und Tiefen des Phänomens Familie zu verfassen. »Das Rezept, um in der eigenen Familie nicht unterzugehen: Leben und leben lassen.«

Besuchen Sie die Website der Autoren unter: www.dieloveacademy.de

Holger Schlageter
Patrick Hinz

Die liebe Familie

Wie sie uns prägt
Wie sie uns nervt
Warum wir sie trotzdem brauchen

Knaur Taschenbuch Verlag

Besuchen Sie uns im Internet:
www.knaur.de

Originalausgabe Dezember 2007
Copyright © 2007 by Knaur Taschenbuch.
Ein Unternehmen der Droemerschen Verlagsanstalt
Th. Knaur Nachf. GmbH & Co. KG, München
Alle Rechte vorbehalten. Das Werk darf – auch teilweise –
nur mit Genehmigung des Verlags wiedergegeben werden.
Redaktion: Susanne Frank
Umschlaggestaltung: ZERO Werbeagentur, München
Umschlagabbildung: FinePic, München
Satz: Adobe InDesign im Verlag
Druck und Bindung: GGP Media GmbH, Pößneck
Printed in Germany
ISBN 978-3-426-78022-0

5 4 3 2 1

▷ Inhaltsverzeichnis

Prolog 9

Kapitel 1: Das Individuum und
seine persönliche Entwicklung 12

    Schnelltest:
    Wie resilient bin ich wirklich? (Ja/Nein). 25
    Übung:
    Das Buch des Lebens (Prägungsgenese) 49

Kapitel 2: Die Kernfamilie 54

    Welche Familie ist die beste? 59
    Scham und wie man sie überwindet 63
    Sexueller Missbrauch 65
    Die Familie als Team 72
    Vorbilder 79
    Elterliche Krisen 82
    Übung 91

Kapitel 3: Auch Eltern sind nur Menschen 93

    Tabus 93
    Wie beeinflusst der elterliche Umgang
    mit Tabus die Entwicklung des Kindes? 94
    Generationenlasten 103

Kapitel 4: Das Leben in der Großfamilie 109

    Von Familienfeiern und anderen
    negativen Nebenwirkungen 110
    Von bunten Vögeln und anderen
    positiven Nebenwirkungen 120
    Einzelkinder. 124
    Kassensturz 126

Kapitel 5: Von Ursache und Wirkung –
Die Physik der Psyche 130
Der Zwängler 131
Der Unentschlossene 133
Die Ängstliche 136
Die Abenteurerin 138
Das Weichei 139
Der Brutale 142
Die Betrogene 146
Die Misstrauische 148
Der Selbsthasser 152
Der Übermensch 155
Die Übermutter 158
Die Gefühlskalte 160
Ihr eigenes Persönlichkeitsprofil 163
Kapitel 6: Wie Heilung entsteht 166
1. Heilung braucht Menschen 167
2. Heilung braucht Willen 169
3. Heilung braucht Umdenken 170
4. Heilung braucht Mut 173
5. Heilung braucht Vertrauen 174
6. Heilung braucht Glauben 176
7. Heilung braucht Zeit 177
Die vier Perlen der Heilung 178
Erkennen 180
Betrauern 180
Positiv deuten 181
Dankbarkeit empfinden 183

Kapitel 7: Die Aussöhnung mit der Vergangenheit 184

Menschwerdung der Eltern –

Verstehende Erinnerungen 186

Trennung von der Ursprungsfamilie 190

Umdeutung des Schmerzes – 196

Kapitel 8: Das Sechs-Gänge-Familienmenü 200

Erster Gang:

Wie will ich Partnerschaft leben? 202

Zweiter Gang:

Wie will ich mit meinen Eltern umgehen? 205

Dritter Gang:

Wie will oder würde ich meine Kinder

erziehen? 207

Vierter Gang:

Welche Funktionen hat Familie in

meinem Leben? 208

Fünfter Gang:

Wo erlebe ich Familie und wo nicht? 210

Sechster Gang:

Meine Familie soll sein 213

Zu guter Letzt 217

Anmerkungen 221

▷ Prolog

Wenn ich Zeit habe, gehe ich joggen. Ich liebe es, an der Isar entlangzulaufen, immer gen Münchner Süden, bis ich das dicht bewachsene und dunkelgrün überwucherte Hochufer bei Harlaching erreiche. An sonnigen Tagen ist es so voll, dass ich mir meinen Weg regelrecht mit den Ellbogen bahnen muss, zwischen Bladern, Radfahrern und anderen Joggern hindurch bis zu meinem anvisierten Wendepunkt, der Trauerweide, die mir so einsam und gerade deshalb überaus majestätisch erscheint. Dann ein paar Minuten dehnen, ausruhen und zurück. Die Leute auf meinem Weg stören mich nicht. Im Gegenteil: Ich genieße es, ganz unterschiedliche Menschen zu überholen. Singles, Paare, Freunde, Verliebte, Fremde und Familien. Es ist kein Zufall, dass ich die Familien zum Schluss nenne, gleich nach den Fremden, denn jahrzehntelang fühlte ich mich in meiner Familie fremd, unverstanden und ungerecht behandelt. Verraten. Heute bin ich frei davon. Ich kann wieder atmen, mich von den kleinen Dramen faszinieren lassen, die sich hier und da zwischen Eltern und Kindern abspielen, zwischen Omas und Opas, Enkeln, Nichten und Neffen. Ich schlängele mich durch die Massen und atme gleichmäßig. Ich bemerke Kleinkriege und Glückseligkeiten, Krieger und Friedensengel, spüre schwarze Löcher und wärmende Sonnen. Mir ist, als überholte ich meine Vergangenheit. Vieles von dem, was ich um mich herum sehe, habe ich selbst erlebt. Ich laufe und muss lächeln. Heute kann ich das. Es ist schon interessant: Wenn es im Freundeskreis zu Spannungen kommt, eskalieren die nie so wie unter Familienangehörigen. Was unter Freunden eine Lappalie ist, wird in der Familie zur Monstrosität. Was brodelt da unter der Oberfläche und droht jederzeit zu explodieren? Warum und wie lange bestimmt die Familie unser Leben? Ich habe meine Antworten auf diese Fragen gefunden, habe die guten Anteile meiner Familienvergangenheit dankbar angenommen und den schlechten ihren Platz in meinem Leben zugewiesen. Ich habe Frieden geschlossen mit meiner Familie. Jetzt laufe ich frei, kann meinen Eltern ohne Vorwürfe, ohne Angst und innere Ungeduld entgegentreten. Ich hatte sie verflucht und geliebt. Heute habe ich ihnen manches verziehen und vieles verstanden. Den Hass habe ich über Bord geworfen und bin froh darüber. Ich bin frei. Glücklich setze ich zum Endspurt an. Nur noch ein paar Kilometer, dann habe ich es geschafft – dann bin ich zu Hause. Der Heimweg ist schneller. Ich habe Rückenwind.«

Frank hat es geschafft. Er hat seine Familie überlebt. Und sogar mehr als das: Er hat zu einer inneren Freiheit gefunden, die es ihm ermöglicht, zurückzukehren zu einer Familie, die ihm die Luft nahm. Er konnte sich von dem lösen, was sich in seiner Vergangenheit abspielte, und sich ganz dem zuwenden, was sich heute ereignet. Er erlebt das Hier und Jetzt nicht mehr nur als Symbol des Vergangenen.

Manche werden sich in dieser Beschreibung wiederfinden und Ähnliches berichten können. Schön, wenn Sie dazugehören! Vielleicht stehen Sie aber auch erst am Anfang Ihres Weges. Vielleicht hatten Sie noch nicht die Möglichkeit zu erfahren, dass Ihre heutigen Probleme im zwischenmenschlichen Bereich nur die Spitze des Eisbergs sind, und der größte Anteil dieses Bergs, all die Probleme, die aus dem Umgang mit der eigenen Ursprungsfamilie entstanden sind, liegt noch unter der manchmal trügerisch stillen Wasseroberfläche. Dort verbergen sich Geschichten, Beziehungen, Dynamiken, Geheimnisse und Ereignisse, die oft dramatisch sind. Und gleichzeitig sind Familien auch immer Kraftspender, Identitätsstifter, Persönlichkeitsbildner, Heimat, Hafen und Hort. Familien sind in ihrer Bedeutung vielschichtig, schillernd und nicht immer leicht zu verstehen. Unsere Familien haben uns zu denen gemacht, die wir sind. Familien können vernichten und aufbauen. Sie können schwächen und stärken, erklären und verschleiern, ängstigen und ermutigen, belasten und befreien, hassen und lieben – und alles dazwischen. Und alles gleichzeitig. Familien sind komplex, wir alle sind Kinder, und wir alle haben eine Familiengeschichte. Was das bedeutet, lernen Sie hier. Wir zeigen Ihnen, wie Familie uns prägt, wie sie uns nervt und warum wir sie trotzdem brauchen …

Kapitel 1

▷ Das Individuum und seine persönliche
Entwicklung

Ich bin eben wie ich bin!« So etwas sagt man, wenn man
sich behaupten will. Natürlich ist das nicht falsch, aber
leider ist es nicht einmal die halbe Wahrheit. In erster Linie
sind wir die, die wir *geworden* sind. Wie Sie sich heute fühlen
und wie andere Sie erleben, hängt zum größten Teil davon
ab, welche Erfahrungen Sie in Ihrer Vergangenheit gemacht
haben.

Die psychologische Forschung ist sich mittlerweile weitge-
hend darüber einig, dass sowohl Angeborenes als auch Er-
lebtes (also »Erlerntes«) die Persönlichkeit bestimmen.
Das ist ähnlich wie beim Muskeltraining: Der eine hat die
angeborenen Anlagen zum Muskelprotz, der andere eher
zum Langstreckenläufer – so weit, so gut. Ob derjenige mit
der Anlage zum Muskelprotz allerdings tatsächlich einer
wird, hängt davon ab, ob er trainiert. Es kann sein, dass
der Langstreckenläufer viel kräftigere Muskeln hat als er –
wenn er sie mehr trainiert hat. Dasselbe gilt für unsere Persönlichkeit, sogar für die Widerstandskraft unserer Seele:
Wenn wir eher psychisch robust geboren werden und viele
Schicksalsschläge oder Angriffe gegen unsere menschliche
Würde erleiden müssen, kann es sein, dass wir eine eher
anfällige, labile Persönlichkeit entwickeln. Wenn wir eher
sensibel und empfindlich veranlagt sind, aber im Laufe unseres Lebens viel positive Unterstützung und angemessene
Wertschätzung erfahren, können wir uns zu stabilen und

starken Persönlichkeiten entwickeln. Es kommt also immer auf unsere Erfahrung an, auf die Botschaften, die wir aus unserem Umfeld erhalten, darauf, wie unsere Mitmenschen uns erleben.

Und was wäre da prägender als unsere Familien? Vom Tag null an »marinieren« sie uns in Botschaften, die das Bild, das wir von uns selbst haben, bestimmen: Unsere Familie gibt uns eine Art von Lebensprogramm mit, lehrt uns Tabus, bringt uns bei, was wir tun sollen, dürfen und müssen, sagt uns, wer wir sind und was wir können. In dieser »Persönlich-keits-Marinade« wachsen wir in der Regel zumindest während unserer ersten Lebensjahre auf. Und die ersten drei Lebensjahre prägen uns am meisten. Dabei muss Familie übrigens nicht leibliche Familie bedeuten; es geht um die Erziehenden, egal, wer das ist. Man kann jedem Menschen nur wünschen, dass er »in einer guten Marinade zieht«, eine, die ihn oder sie zu einem Menschen mit starkem Selbstwert-gefühl, Sinn für andere und Bewusstsein für die eigenen Be-dürfnisse heranreifen lässt. Leider klappt das in den seltens-ten Fällen. Die eine oder andere üble Zutat hat wohl jeder in seiner »Marinade«: zu viel Salz, zu viele Bitterstoffe, zu we-nig Zucker … Aber dadurch mutieren Sie nicht automatisch zu »Gammelfleisch«, denn das Gute ist: Sie können im Lau-fe Ihres Lebens nachwürzen. Sie können die »Marinade« zu großen Teilen sogar austauschen! Zwar dauert es in höherem Alter länger, bis die Seele dann neu »durchzieht«, aber der Prozess ist unaufhaltsam.

Für unser Thema bedeutet das: Unsere Familien geben uns ein Lebensprogramm mit auf den Weg, das uns prägt. Wir sind dem aber nicht hilflos ausgeliefert und können als

Erwachsene Einfluss darauf nehmen, was wir davon wirklich annehmen und was wir aussortieren wollen. Wir können im Laufe unseres Lebens immer mehr selbst bestimmen, nach welchem Programm wir leben möchten – nie zu einhundert Prozent, aber doch so, dass es uns unter Umständen möglich wird, glücklicher zu sein.

Wie das geht? Nun, der erste Schritt ist die Erkenntnis. Ich muss mir bewusst machen, wie mein Lebensprogramm überhaupt aussieht und welche Botschaften in meinem Leben von Bedeutung sind. Welche Werte habe ich und warum? Was ist für mich tabu, und welche Sicht habe ich auf mich selbst? Welche Verletzungen, welche Stärkungen gibt es in meinem Leben? Wenn ich mir diese Fragen beantworten will, kann mir die Psychologie helfen, denn es hat sich gezeigt, dass in verschiedenen Altersstufen seelische Verletzungen ganz unterschiedliche Folgen haben. Man kann sogar relativ genau sagen, welche Persönlichkeitsstruktur sich im Erwachsenenalter entwickelt, wenn in der Kindheit in den einzelnen Altersstufen Störungen auftreten. Bereits in den ersten Lebensjahren prägt sich in komprimierter Form das in Charakter und Persönlichkeit ein, was sich dann über das gesamte Leben hindurch entfaltet – positiv wie negativ.

Schauen wir uns also einmal an, was die Entwicklungspsychologie herausgefunden hat: Sie untersucht die motorische (Bewegung), sprachliche (Reden), kognitive (Denken) und soziale (Beziehung) Entwicklung eines Menschen von der Geburt bis ins fortgeschrittene Alter. Jede Lebensphase hat ihre Entwicklungsthemen – auch noch mit achtzig! Dabei sind immer drei Faktoren wichtig: Die genetische Disposition (ererbte Gegebenheiten), das Lebensalter und die Sozialisationseinflüsse (Prägung in Form von Erziehung und äußeren Einflüssen), denen wir uns in diesem Buch vornehmlich widmen.

Innerhalb des Heranwachsens – in Jahren ausgedrückt halten wir den Lebensabschnitt zwischen Geburt und 20 Jahren für besonders entscheidend – durchleben wir einzelne Phasen, in denen wir geprägt werden. Jede einzelne dieser Prägungsphasen steht für eine bestimme Entwicklungsstufe. Das, was wir in dieser Phase erleben, formt uns und bestimmt maßgeblich unsere Entwicklung in einem spezifischen Bereich unseres Lebens.

So dachte auch Erik Homburger Erikson, der vielleicht berühmteste Entwicklungspsychologe. Er soll hier gebührend Erwähnung finden: In der Entwicklungspsychologie des späteren Harvard-Professors dreht sich alles um die Frage, wie eigentlich Identität entsteht. Wie werden wir die, die wir sind? Warum sind wir so und nicht anders? Warum sind wir verschieden? Wieso kann ich nicht hart sein, warum habe ich ständig Angst, warum kann ich so gut zuhören? Erikson beantwortet diese Fragen mit einem Modell der Entwicklung.[1]

Es hat acht Phasen, und jede davon beinhaltet einen Scheideweg. So geht es in der ersten Phase (Säuglingszeit) beispielsweise um die »Entscheidung« zwischen Urvertrauen oder Urmisstrauen. Die Erfahrungen und die Verarbeitung der Erlebnisse und Eindrücke des Neugeborenen bestimmen, ob sich ein Mensch entwickelt, der später eher mit Vertrauen in sich und die Welt durch das Leben geht oder mit Misstrauen und Unsicherheit. Natürlich kann jede Phase auch später »nachgebessert« oder auch »verschlechtert« werden, aber dennoch findet die stärkste Prägung in ihrer jeweiligen Phase statt. Dabei verfügt jede Phase auch über besondere Personen(kreise), die als »Hauptprägende« wichtig sind. In dieser ersten Lebensphase ist das die Mutter beziehungsweise die Person, die die Mutterrolle übernimmt. Im Laufe des Lebens weitet sich der Personenkreis immer mehr. Hier die acht Phasen im Überblick:

1. Phase: Säuglingszeit (von der Geburt – circa ein Jahr)
   Entscheidung: Urvertrauen oder Urmisstrauen
   Prägende Person: Mutter

2. Phase: Kleinkindalter (circa zwei – drei Jahre)
   Entscheidung: Autonomie (Selbständigkeit) oder Scham und Zweifel
   Prägende Personen: Vater und Mutter

3. Phase: Kindergartenalter (circa vier – fünf Jahre)
   Entscheidung: Initiative oder Schuldgefühl
   Prägende Personen: Vater, Mutter, Geschwister, Verwandte

4. Phase: Grundschulzeit (circa sechs Jahre – Pubertät)
   Entscheidung: Erfahrung der Mächtigkeit und Leistungskraft oder Minderwertigkeitsgefühl
   Prägende Personen: Freunde, Mitschüler, Lehrer, Trainer

5. Phase: Adoleszenz (Pubertät – circa 20 Jahre)
   Entscheidung: Identität oder Rollenverwirrung (»Wer bin ich?«)

Prägende Personen: Der eigene Freundeskreis (»Clique« oder »Peergroup«), Vorbilder, »die anderen«

6. Phase: Junges Erwachsenenalter (circa 20 – 35 Jahre)
Entscheidung: Intimität oder Isolation
Prägende Personen: Freunde, Sexualpartner, Rivalen, Mitarbeiter, Vorgesetzte

7. Phase: Mittleres Erwachsenenalter (circa 35 – 60)
Entscheidung: Generativität (Kreativität/Schöpfung) oder Stagnation (Stillstand)
Prägende Personen: Partner, Freunde, Arbeitskollegen, Vorgesetzte

8. Phase: Hohes Erwachsenenalter (65 – Lebensende)
Entscheidung: Integrität oder Verzweiflung und Ekel
Prägende Personen: Menschheit, »Menschen meiner Art«

Störungen (belastende und/oder traumatische Erlebnisse) in jeder Phase der Entwicklung führen dazu, dass sich eher die problembehaftete Seite in uns entwickelt, also beispielsweise ein grundsätzliches Misstrauen statt eines grundsätzlichen Vertrauens (Phase 1). Spannend wird es dann im umgekehrten Fall: Wenn ich als Erwachsener merke, dass es mir schwerfällt, Menschen zu vertrauen, mich auf andere einzulassen, fremde Situationen gelassen und offen anzugehen, lässt dies unter Umständen den Rückschluss zu, dass in der ersten Phase meines Lebens gewisse Umstände herrschten – vielleicht sogar Störungen oder Traumata –, die mich in Richtung Misstrauen geprägt haben. Wenn man dann mutig genug ist und ein wenig Glück hat, kann man herausfinden, ob im ersten Lebensjahr etwas geschehen ist (Abwesenheit, Tod oder Verschwinden eines Elternteils, grobe Vernachlässigung, emotionale Kälte der Erziehenden, starke Überversorgung, übergroße Gefahr oder Ähnliches), das diese negative Entwicklung oder Prägung bewirkt hat. Man kann dann beginnen, darüber zu sprechen. Und so lassen sich Trost und Gesundung finden. Das gilt für alle Phasen und deren Störungen. Wer schon einmal eine Gesprächstherapie genossen hat, weiß, dass das tatsächlich funktioniert. Auch wenn man vieles erlebt hat, das einen verwundete, kann man wieder heil werden, und auch das Heilwerden ist eine Wissenschaft für sich, die Salutogenese heißt, übersetzt: Heilwerdung (salus [lat.]: Heil; genesis [griech.]: Werdung). Die Salutogenese wurde von dem israelisch-amerikanischen Medizinsoziologen Aaron Antonovsky (1923–1994) in den siebziger Jahren als Gegenbegriff zur Pathogenese (»Wie wird man krank?«) entwickelt. Nach dem Salutogenese-Modell ist Gesundheit kein Zustand, sondern ein Prozess. Um ihn erfolgreich zu durchlaufen (um nach erlebter Verletzung also wieder heil zu werden), sind drei Dinge notwendig:

1. **Verstehbarkeit (sense of comprehensibility)**
   Ich muss wieder dahin kommen, dass ich die Welt um mich herum als geordnet, strukturiert, konsistent und nicht als chaotisch, willkürlich und unerklärlich wahrnehme.

2. **Handhabbarkeit (sense of manageability)**
   Ich muss wieder zur Überzeugung gelangen, dass ich eigene Kräfte und Fähigkeiten (»Ressourcen«) habe oder

auf Hilfe anderer (Hilfe) jederzeit zugreifen kann und damit den Anforderungen, die das Leben stellt, gewachsen bin.

3. Sinnhaftigkeit (sense of meaningfulness)
Ich muss das Gefühl wiedererlangen, dass mein Leben einen Sinn hat. Es ist also wichtig, bestimmten schweren Erlebnissen einen ganz persönlichen Sinn abzugewinnen.

Je stärker diese drei Dimensionen in einem Menschen wirksam sind, desto mehr befindet er sich auf der Seite der psychischen Gesundheit und entfernt sich von der Seite der psychischen Krankheit. Diese drei Dimensionen herzustellen und an ihnen zu arbeiten ist immer möglich – in jeder Lebensphase – und lohnt sich allemal. Sie können ja selbst einmal schauen, wie es in Ihrem Leben mit Verstehbarkeit, Handhabbarkeit und Sinnhaftigkeit bestellt ist. Stellen Sie sich dazu drei Fragen:

1. Wie stark bin ich der Überzeugung, dass die Welt um mich herum nach klaren Gesetzmäßigkeiten funktioniert und alles »seine Ordnung« hat?

2. Wie sehr bin ich davon überzeugt, dass ich wertvolle Talente und Fähigkeiten besitze und auch Menschen um mich herum habe, die mir helfen können und wollen, wenn ich selbst nicht mehr weiterweiß?

3. Wie stark habe ich das Gefühl, dass ich Krisen und Schicksalsschläge meistern kann, und wie sehr glaube

ich daran, dass auch im Schlimmsten irgendwo ein Sinn liegt, obwohl ich ihn unter Umständen (noch) nicht sehen kann?

Reflektieren Sie diese Fragen in Ihrem Inneren. Es gibt keine richtige oder falsche Antwort. Versuchen Sie nachzuspüren, wie Sie emotional auf diese Fragen reagieren, und antworten Sie ganz subjektiv, so wie Sie sich gerade *fühlen* – und nicht, wie Sie meinen, sich fühlen zu *müssen*. Wenn Sie dann das Gefühl haben, Sie könnten im Sinne Ihrer eigenen psychischen Gesundheit noch zulegen, also Ihre seelische Widerstandsfähigkeit noch erhöhen, machen Sie sich an die Arbeit! Und das bedeutet immer: Machen Sie sich auf die Suche nach Menschen, die Ihnen helfen können, Ihr Selbstwertgefühl zu steigern – durch die »drei L«: Lachen, Lob und Liebe. Und distanzieren Sie sich von denen, die Sie mit dem Gegenteil versorgen!

Aber zurück zu den Prägungsphasen: Sie werden bemerkt haben, dass sie im Laufe unseres Lebens immer länger werden. Das deutet schon darauf hin, dass Prägung, je älter wir werden, länger dauert. Man kann sich das so vorstellen: Als Kinder sind unsere Seelen wie noch warmes Wachs, in das Formen mit wenig Druck sehr tief eingeprägt werden. Mit zunehmendem Alter wird das Wachs härter und stabiler, wird fest wie Holz, dann hart wie Stein. Den höhlt dann nur noch der berühmte »stete Tropfen« – und das dauert. Aber es geht. Es ist also nie zu spät! Auch mit achtzig nicht.

Geht also die Prägung einer Phase in eine bestimmte Richtung, bewegt sich auch die Kompassnadel unserer späteren

Entwicklung auf den gleichen Kurs. Das ist ziemlich logisch. Und schon Freud, in dessen Tradition die Entwicklungspsychologen stehen, hatte das genau erkannt: Wir werden zu dem, was wir in früheren Jahren erleben, was uns widerfährt, uns bewegt, uns prägt.

Kennen Sie das? Da lassen sich die Eltern scheiden, und es verändert einen Menschen bis ins hohe Alter. Da wird ein Kind von den Eltern getrennt und erlebt sich später im Erwachsenenalter als ängstlich in Beziehungen. Da lehnt eine Mutter ihr Kind ab, und das Kind versucht zeit seines Lebens, Liebe zu verdienen. Da lobt der Vater nie, und der Sohn vermisst noch mit sechzig schmerzlich die Anerkennung des Chefs. Es gibt zahllose Prägungsgeschichten; die Therapiepraxen sind voller Betroffener.

Aber auch die positiven Stärkungserfahrungen prägen: Eltern, die da sind und sich liebend kümmern, schaffen starke Persönlichkeiten. Lehrer, die Gerechtigkeit und Offenheit leben, machen aus Schülern geradlinige Menschen. Freunde und Partner, die zur Liebe fähig sind, fördern den Stolz und die Fähigkeit, mit Misserfolgen gut umzugehen. Mit solchen Erfahrungen wird die Seele widerstandsfähig gegen widrige Einflüsse, sie härtet ab. Auch das ist wieder eine Wissenschaft für sich, nämlich die Resilienzforschung:

Resilienz kommt aus dem Englischen (»resilience«) und bedeutet »Widerstandsfähigkeit«. Es geht darum herauszufinden, warum durch erlebte Traumata manche Kinder (denn besonders Kinder stehen im Fokus der Resilienzforschung) psychisch krank beziehungsweise anhaltend belastet und anfällig für die »schiefe Bahn« werden (Kriminalität, Brutalität, Drogenmissbrauch et cetera), andere aber kaum oder gar nicht negativ beeinträchtigt werden – obwohl sie dasselbe oder sogar noch schwerere Traumata erlebten. Begründet wurde diese Forschung unter anderem durch die amerikanische Entwicklungspsychologin Emmy E. Werner und ihre berühmte »Kauai-Längsschnitt-Studie«. Zusammen mit ihrer Kollegin Ruth Smith hatte sie über 40 Jahre hinweg rund 700 im Jahre 1955 auf der Hawaii-Insel Kauai geborene Kinder wissenschaftlich begleitet und ihre Entwicklung dokumentiert. Dabei ging es vor allem um Kinder, die unter schwierigen sozialen Bedingungen aufwuchsen, in ärmlichen Verhältnissen, mit ungebildeten Erziehenden oder alkoholkranken Eltern, die ständig Streit hatten. Zwei Drittel dieser Kinder kamen damit nicht zurecht, sie hatten Schul- oder Drogenprobleme, wurden aggressiv oder gar straffällig, aber ein Drittel dieser Risikokinder wuchs trotz all der widrigen Umstände unbeschadet auf. Diese Kinder waren noch als Erwachsene selbstsicher, zuversichtlich und leistungsfähig. Es gab weniger Scheidungen, weniger Gesundheitsprobleme, weniger Todesfälle.[2] Aber im Grunde kennen wir dieses Phänomen alle. Was den einen schon aus der Bahn wirft, löst bei einem anderen vielleicht gerade einmal ein Wimpernzucken aus. Etwa ein Drittel der Kinder aus »kaputten Familien« entwickeln sich entgegen aller Annahmen intellektuell, psychisch und sozial prächtig. Wie kommt das? Was ist es, das jene Kinder davor schützt, den Weg der anderen zwei Drittel zu gehen? Diese Forschungsergebnisse waren ungemein wichtig, denn wenn man weiß, wie man eine widerstandsfähige »Seelenhaut« bekommt, kann man bei Kindern schon früh darauf hinarbeiten, sie ihnen sozusagen antrainieren. Und das hat man herausgefunden:[3]

Die vielleicht wichtigste Erkenntnis der Resilienzforschung ist, dass schon eine sichere Bindung zu einem einzigen Menschen genügt, um den Schutz aufzubauen, den ein Kind braucht, um ausreichend resilient zu werden – nur *eine* gütige Großmutter, nur *ein* liebevoller Vater, nur *ein* weiser Begleiter (Lehrer, Partner, Therapeut et cetera). Ist diese Grundvoraussetzung gegeben, entwickelt sich eine zumindest ausreichend stabilisierte und geschützte Seele mit folgenden Fähigkeiten:

Eigenverantwortung

Resiliente Kinder beziehungsweise Erwachsene entwickeln die Fähigkeit zur Selbstkontrolle, sie akzeptieren die Verantwortung eigener Entscheidungen und deren Konsequenzen. Sie erwarten von anderen keine Hilfe bei Dingen, die sie selbst erledigen können. Sie sind damit relativ unabhängig, kreativ und aktiv in ihrer Suche nach Problemlösungen.

Neugierde und Offenheit für noch Unbekanntes

Resiliente Kinder beziehungsweise Erwachsene betrachten das Leben als eine Möglichkeit zu Wachstum und Horizonterweiterung. Sie sind in der Lage, das berühmte zu 50 Prozent gefüllte Glas als halb voll, und nicht als halb leer zu empfinden. Sie verfügen über eine generell positive Lebenseinstellung und sind in der Lage, Misserfolgen, Unglücksfällen und Brüchen im Lebenslauf den Schrecken zu nehmen und einen positiven Nutzen, also Sinn, darin zu finden.

Selbstwertgefühl und Verlässlichkeit

Damit ist die Fähigkeit gemeint, von der Wichtigkeit und dem Wert im eigenen Tun überzeugt zu sein sowie Sinn und Bedeutung in der eigenen Existenz zu sehen (»Es ist gut, dass es mich, so wie ich bin, gibt«). Das erst befähigt Menschen überhaupt, Verpflichtungen einzugehen. Und durch Verpflichtungen setzen wir uns Ziele und strengen uns an, sie auch zu erreichen. Derartige Verpflichtungen haben eine Stress reduzierende und Leistung provozierende Wirkung. In schwierigen Zeiten gibt eine solche Persönlichkeit nicht auf, sondern es gelingt ihr, das Ziel trotz widrigster Umstände zu erreichen.

Klingt toll – und wie schön ist es, wenn Sie all diese Punkte in Ihrer Persönlichkeit vereinen! Wenn nicht, denken Sie daran, dass es nie zu spät ist, sich auf Menschen einzulassen, denn durch Menschen werden wir am tiefsten verletzt – und am tiefsten geheilt. Ein Mensch genügt! Dann kann man auch die Grundkompetenzen erwerben, die resiliente Menschen besitzen:

- Ein positives Selbstbild
- Das Gefühl, Dinge kontrollieren zu können und überhaupt etwas zu können
- Die Fähigkeit, sich selbst Regeln und Grenzen zu setzen (Disziplin)
- Belastungen oder übermäßige Reize aushalten zu können
- Die Fähigkeit, sich innerlich von Problemen zu distanzieren
- Die Fähigkeit, sich vor gefährdenden Einflüssen zu schützen

- Das Bewusstsein, eigene und fremde Regeln wahrzunehmen und zu akzeptieren
- Die Fähigkeit zu konstruktivem Denken (auch bei widrigen Umständen)
- Die Fähigkeit, sich zu entscheiden und zu organisieren (Selbstmanagement)
- Die Fähigkeit, sich in verschiedenen kulturellen und sozialen Kreisen zu bewegen und mit unterschiedlichen Rollenerwartungen konstruktiv umzugehen
- Die Fähigkeit, Konflikte gewaltlos zu bewältigen
- Die Fähigkeit, Verantwortung zu übernehmen
- Kreativität und Entdeckungslust
- Sachbezogenes Engagement und die Fähigkeit, sich selbst zu motivieren

Schnelltest: Wie resilient bin ich wirklich? (Ja/Nein)

1. Denken Sie an den gestrigen Tag. Hatten Sie mindestens einmal das Gefühl, einfach gut zu sein?

2. Haben Sie generell das Gefühl, einige Dinge und Situationen beeinflussen beziehungsweise steuern zu können?

3. Können Sie Versuchungen, von denen Sie wissen, dass sie Ihnen nicht guttun, widerstehen?

4. Haben Sie sich in den letzten zwei Jahren erfolgreich durch eine schwierige Situation »durchgebissen«?

5. Finden Sie, dass andere Menschen in Ihrem Umfeld Dinge und Probleme mehr an sich heranlassen, als Sie das tun?

6. Sind Sie in der Lage, innere Mauern gegen schädliche äußere Bedrohungen aufzubauen und aufrechtzuerhalten?

7. Sind Sie in der Lage, sich an Regeln zu halten, wenn es Ihnen wichtig erscheint?

8. Können Sie in Krisen und kniffligen Situationen einen klaren Kopf bewahren und erfolgreiche Lösungen finden?

9. Wissen Sie in aller Regel, was Sie wollen, und haben Sie konkrete Ideen, wie Sie es erreichen werden?

10. Halten Sie sich für einen anpassungsfähigen Menschen, der auch in Gesellschaft Fremder unverkrampft und aktiv in Kontakt tritt?

11. Haben Sie als Erwachsener in einer Auseinandersetzung noch niemals körperliche Gewalt angewendet?

12. Haben Sie in letzter Zeit einen Fehler eingestanden?

13. Würden Sie in einem Restaurant etwas bestellen, das Sie nicht kennen?

14. Können Sie sich für Dinge begeistern und entwickeln Sie Leidenschaft?

Auswertung:

sehr anfällig	1	2	3	4	5	6	7	8	9	10	11	12	13	14	sehr widerstandsfähig

Wir halten also fest: Wir sind, wer wir geworden sind. Und die ersten Lebensjahre prägen uns am meisten. Deshalb nehmen wir hier quasi eine Lupe zur Hand und schauen uns die ersten 20 Jahre genauer an.

Alle Phasenmodelle (und es gibt viele davon) sind zunächst reine Theorien – die natürlich durch Beobachtung und Erfahrung »bewiesen« sind. Aber man muss sie doch mit einer gehörigen Portion Skepsis betrachten. Eriksons Erkenntnisse sind heute in einigen Aspekten nicht mehr ganz zeitgemäß, denn gerade in den letzten drei Phasen ist heute ein deutlicher Unterschied erkennbar. Der »ältere« Mensch ist heutzutage noch länger ins Leben eingegliedert und bleibt daher länger »jung« (der Vergleich einer Frau von Anfang sechzig, die heute lebt, mit einer, die vor 30 Jahren sechzig war, macht diesen Unterschied deutlich). Aber das macht nichts, denn die Grundaussagen scheinen nach wie vor zu stimmen. Vor allem aber darf man nicht glauben, die Phasen seien klar abgegrenzt und kämen in Reinform vor, denn das tun sie im richtigen Leben nie. Solche Modelle können helfen, Entwicklung als Prozess zu beschreiben. Sie können begreifbar machen, warum ich so geworden bin, wie ich bin, und das ist der erste und vielleicht wichtigste Schritt, wenn es darum geht, die eigene(n) Geschichte(n) aufzuarbeiten, um – wie unser Läufer am Beginn des Buches – freier zu werden. Und glücklicher.

Vielleicht ist die These, dass einem Menschen die ersten 20 Jahre genauso lange erscheinen wie der gesamte Rest des Lebens, für Sie so plausibel wie für uns; so stark, bewusst und intensiv erleben wir in diesen ersten Jahren unsere Umwelt, machen prägende Erfahrungen, lassen uns von Menschen beeinflussen und inspirieren. Wir werden an Tabus herangeführt, mit unseren Ängsten konfrontiert. Nehmen wir also unser Vergrößerungsglas und schauen daher nur auf die ersten fünf Erikson-Phasen der Entwicklung – von der Empfängnis bis ungefähr zum zwanzigsten Geburtstag:

Wir beginnen schon im Mutterleib und schauen auf die **Zeit zwischen Zeugung und Geburt**. Die Reifung des zentralen Nervensystems beginnt normalerweise ab der dritten Schwangerschaftswoche. In der Regel ist demnach ab der fünften oder sechsten Schwangerschaftswoche das sogenannte »Signallernen« möglich: Kinder beginnen, die Sprache der Mutter zu hören. Bereits zu diesem Zeitpunkt nehmen Föten Spannungen wahr, reagieren sensibel auf Lautstärke, sind empfänglich für Harmonie und Zärtlichkeit in Form von äußerlichem Streicheln und Tönen (Stimmen und Musik). Es gibt ernst zu nehmende Hinweise darauf, dass eine stressfreie Schwangerschaft einen maßgeblichen Einfluss auf das spätere Leben eines Menschen hat – man ist offenbar mit einem stabileren Nervenkostüm ausgestattet und sogar weniger anfällig für Krankheiten und andere psychische oder physische Störungen. Leidet die werdende Mutter während des Heranwachsens eines neuen Lebens permanent, ist sie Schmerz, Stress und schädlichen äußeren Einflüssen jeglicher Art ausgesetzt, resultiert daraus eine eher negative Entwicklungstendenz für das Kind. Auch das ist nicht verwunderlich.

Nehmen wir zum Beispiel folgende Geschichte:

Eine Klientin kam zu mir (Schlageter) in die Sprechstunde, weil sie seit Monaten von einem immer wiederkehrenden Alptraum heimgesucht wurde: Sie sieht sich als etwa Zehnjährige, wie sie von einer dunklen Gestalt gejagt und schließlich in die Enge getrieben wird. In einer Straßenecke zieht die Gestalt spitze Gegenstände aus dem Umhang und sticht damit auf die Zehnjährige ein. An dieser Stelle erwacht die Klientin in Panik und ist schweißgebadet. Außerdem, berichtet sie, fühle sie sich minderwertig und traue sich nichts zu, was sie immer wieder in die Arme von Männern triebe, die sie nach anfänglicher Fürsorge misshandelten. Aber damit solle nun endgültig Schluss sein, denn mit 60 Jahren sei es nun wirklich an der Zeit, aus diesem Muster auszubrechen.

Wir machten uns an die Arbeit. Heraus kam, dass die Mutter der Klientin ihr Kind nicht nur ablehnte, sondern auch während der ersten Schwangerschaftsmonate wiederholt versucht hatte, es mit einem Kleiderbügel abzutreiben. Nun kann man von Traumdeutung halten, was man will, in diesem Fall ist die Parallelität der Ereignisse doch sehr auffällig. Offenbar hat das Kind im Mutterleib ein Trauma erlebt, das es als Sechzigjährige noch beschäftigte. Auch mag es Zufall sein, dass sie sich in ihrem Traum als Zehnjährige sieht – also in ebenjener Phase, in der es um den Aufbau von Macht und Selbstwertgefühl geht. Vielleicht ist es auch Zufall, dass es in ihren Beziehungen um genau dieses Thema geht, nämlich

Machtergreifung, die sie selbst für sich nicht durchführt und anderen überlässt, die Macht über sie ausüben. Vielleicht alles Zufälle – aber wir glauben, dass Träume Wegweiser sind, und in diesem Fall deutet der Traum neben vielem anderen darauf hin, dass Erfahrungen in der Schwangerschaft schon von Bedeutung für das gesamte Leben sein können. Und wie immer gilt das auch im positiven Fall, in dem das schon empfangene und noch ungeborene Kind in Liebe und mit großer Freude heranwächst. Ein solches Kind wird anders träumen. Noch ein kurzes Wort zur Klientin: Sie schaffte es, trennte sich mit 61 Jahren von ihrem Ehemann und lebt heute mit – wie sie sagt – »mindestens doppelt so viel Lebensfreude wie früher« in einer Mehr-Generationen-WG. Sie sehen also, dass man sein Leben auch mit einundsechzig noch ändern kann.

Aber zurück zu unserer ersten Prägungsphase. Sie ist permanenter Stoff für Diskussionen um die altbekannte Frage: Wann genau beginnt Leben? Ohne einen umfangreichen philosophischen Exkurs beginnen zu wollen, ist dieses Thema trotz allem zu aktuell und spannend, um nicht darüber zu schreiben. Fakt ist: Eine präzise und einheitliche Antwort auf diese Frage wird es wohl nie geben. Dazu sind die gedanklichen und emotionalen Fronten von Philosophen, Medizinern, Gläubigen, Gegnern und Befürwortern der Abtreibung zu verhärtet. Während für die einen Leben bereits mit der Befruchtung der Eizelle beginnt, wird für die anderen ein Zellhaufen erst zum Menschen, wenn einige Wochen ins Land ziehen und sich zum Beispiel Gehirn und Nerven entwickeln. Medizinisch-wissenschaftlich betrachtet, lassen sich die Argumente der Abtreibungsbefürworter klarer belegen und untermalen, jedoch bleibt noch immer die Frage, wie viel man von menschlichem Empfinden und menschlicher Wahrnehmung messen kann. Den genauen Zeitpunkt zu bestimmen, ab wann Schmerz, Einsamkeit, Ärger, Wut, Sehnsucht, Liebe und Freude empfunden und wahrgenommen werden, bleibt ein noch zu erreichendes Ziel, und ob das schon ausreicht, um den Beginn des Lebens zu bestimmen, bleibt eine philosophische Frage. Wahrscheinlich haben Sie bereits einen Standpunkt zu diesem Thema. Für uns steht zumindest fest: Irgendwann zwischen Zeugung und Geburt beginnt Leben, und in diesem Stadium fangen wir bereits an, uns von unserer Umwelt beeinflussen zu lassen.

Die zweite Prägungsphase beginnt mit der Geburt und endet im zweiten Lebensjahr – ein sehr komplexer Abschnitt mit extrem unterschiedlichen Lebensstadien. Unmittelbar nach der Geburt ist ein Neugeborenes noch vollkommen hilflos und kann ohne Zuwendung und Versorgung von außen nicht überleben. Trotzdem sind die Sinnesorgane nahezu komplett ausgebildet, Sprachentwicklung und Wahrnehmungsfähigkeit werden immer besser. Schon nach wenigen Stunden erkennt der Säugling Stimme und Geruch der Mutter. Ab dem ersten Monat zeigen sich angeborene Verhaltensweisen wie Greifreflex, Tauchreflex und angeborener Gesichtsausdruck. Das Kind kann zwischen zwei und drei gleichen Objekten unterscheiden (»intuitive Mathematik«), kommuniziert durch Schreien und zieht Laute der Muttersprache denen anderer Sprachen vor. Es zeigt Interesse an Gesichtern und imitiert Augenblinzeln und das Herausstrecken der Zunge. Es beruhigt sich, wenn es auf den Arm genommen wird. In diesem Stadium sorgt Körperkontakt zur

Mutter und anderen Menschen bereits für beginnendes Urvertrauen. Je mehr Nähe, Fürsorge, Wärme, Kommunikation und Zärtlichkeit ein Baby erfährt, desto positiver äußert sich dies in seiner späteren Entwicklung. Das Experiment des Stauferkönigs Friedrich II. von Sizilien (1194–1250) belegt dies ganz deutlich: Um herauszufinden, ob es eine »Ursprache« gibt, die allen Menschen gemein sei, ließ er Säuglinge von Ammen aufziehen, die sie zwar fütterten, aber nicht mit ihnen redeten, sie stumm und mit möglichst wenig Berührung versorgten, um sie sprachlich nicht zu beeinflussen. Auch sonstige Zuwendungen wie Spielen, Streicheln oder Ähnliches wurde ihnen untersagt. Das Experiment schlug auf die denkbar schrecklichste Art und Weise fehl, denn bevor die Kinder zu sprechen begannen, starben sie. Ob es eine Ursprache gab, hatte man nicht herausgefunden, aber etwas anderes wurde durch dieses Experiment bewiesen: Eine rein biologische Versorgung reicht nicht aus, um zu überleben, denn es geht nicht ohne Berührung, persönliche Ansprache und Zuwendung. Aber Vorsicht: Auch das kann man übertreiben. Zu viel Nähe und Berührung – also Überversorgung – bringt dieselben negativen Resultate wie Unterversorgung. Das rechte Maß bringt die besten Ergebnisse und die gesündesten Menschen hervor.

Im zweiten Monat kann der Säugling das Gesicht der Mutter von anderen unterscheiden, erforscht die Welt durch den Tastsinn: Er erkennt seinen im Mund gespürten Schnuller optisch wieder. Das Schreien wird durch »Gurren« ergänzt, und das Baby reagiert mit Lauten auf Ansprache. Zudem entwickelt sich das »soziale Lächeln«: Das Kind reagiert so auf menschliche Stimmen und Gesichter. Ab dem dritten Monat beginnen Säuglinge, den Kontakt zu anderen Menschen zu suchen, indem sie ihr Lächeln einsetzen. Die Suche nach Anerkennung beginnt. Wir Erwachsenen machen es übrigens meist auch nicht anders, wir »sprechen« zunächst »mit unseren Blicken«, also körpersprachlich. Nun haben Kinder begriffen, dass Dinge nicht verschwinden, wenn sie verdeckt werden, es gibt eine Bandbreite verschiedener Schreiarten, Lippenbewegungen werden mit Vokalen in Zusammenhang gebracht, Augenkontakt wird gesucht oder gemieden und Interaktion erwartet … Die Schonfrist für Eltern ist abgelaufen (falls es sie denn vorher überhaupt gab). So geht es dann stetig weiter, bis ab dem sechsten Monat das Kind damit anfängt, die Verhaltensweisen anderer nachzuahmen. Ein entscheidender Schritt in der frühen Prägung: Das, was wir tagtäglich sehen und erleben, versuchen wir bereits zu kopieren. Im siebten Monat verstärkt sich die Beziehung zu den Versorgern. Um den achten Monat erleben wir bei einem Kind das berühmte »Fremdeln«, eine Konsequenz aus der einsetzenden Fähigkeit, zwischen unbekannten und vertrauten Menschen zu unterscheiden. Im ersten Jahr werden viele Meilensteine passiert: Die ersten Worte werden nachgeahmt, das Kind reagiert auf seinen Namen, entwickelt das Langzeitgedächtnis, erkennt Emotionen des Gegenübers und reagiert entsprechend darauf beziehungsweise versucht durch gewisse Verhaltensweisen bestimmte Emotionen hervorzurufen. Wenn der erste Geburtstag naht, hat ein kleiner Mensch in den vergangenen 365 Tagen schon extrem viel erlebt und erfahren. Wenn man bedenkt, wie verhältnismäßig wenig wir als Erwachsene in einem Jahr lernen, wird einem angesichts einer solchen Fülle ganz schwindelig. Entwicklung wird eben im Laufe des Lebens langsamer.

Die dritte Prägungsphase beginnt im zweiten Lebensjahr: Dem Kleinkind ist mittlerweile bewusst, dass durch Aktionen bestimmte Reaktionen erzeugt werden. Was es tut, wird entweder gelobt oder getadelt. Einem Handeln folgt eine Konsequenz; so wird das Kind konditioniert. Diesem Bewusstsein folgt die Erkenntnis, dass man durch Artikulation etwas erreichen kann. Die Sprache spielt hier eine entscheidende Rolle. Kinder wissen dies und versuchen durch einzelne Wörter bereits Botschaften auszusenden. Die Selbständigkeit schreitet weiter voran. Mit circa eineinhalb Jahren wird diese durch die Fähigkeit zu laufen weiter vorangetrieben. Auch wenn man dadurch noch lange nicht in der Lage ist, ein autonomes Leben zu führen, so hat man in den ersten 18 Monaten doch schon eine beachtliche Entwicklung durchschritten. Kinder sind zu diesem Zeitpunkt bereits in der Lage, Objekte zu erkennen, zu ahnen, was ihnen guttut und was ihnen schadet, was gut sein könnte – und was böse. Der Grund, warum wir als Kinder oft bestimmte Lebensmittel, vor allem Gemüse, nicht essen wollen, hat nicht selten mit einem tief verwurzelten Bewusstsein zu tun, dass bestimmte gefärbte Nahrungsmittel für den Kinderorganismus schädlich sein könnten. Genervten Eltern mag es helfen zu wissen, dass ihr Kind den Broccoli ausspuckt, weil in grauer Vorzeit die Neandertalerkinder am Verzehr ähnlicher Pflanzen gestorben wären – lieber einmal zu viel gespuckt als einmal zu wenig. Die Flecken gehen davon aber auch nicht raus …

Mit zwei Jahren sind Kleinkinder in der Lage, zusammenhängende Geschichten zu verstehen (Bildergeschichten, nicht Shakespeare!). Die etwas anstrengende Trotzphase hat im dritten Lebensjahr einen ihrer Höhepunkte. Kinder haben gelernt, ihren Unmut zu zeigen, zu signalisieren, dass sie mit etwas ganz und gar nicht einverstanden sind. Und ein weiteres, für die spätere Entwicklung entscheidendes Gefühl beginnt sich zu entfalten: die Fähigkeit, das Leid und den Schmerz anderer nachzufühlen (Empathie). Wenn also der Mutter Schlechtes widerfährt, spürt ein Kind das und wird durch ihr Leid beeinflusst. Dies kann sogar dazu führen, dass sich das Kind zum Beschützer des betreffenden Elternteils entwickelt – eine recht problematische Umkehrung der Verhältnisse, auf die wir später genauer eingehen werden.

Die vierte Phase der Prägung erstreckt sich von circa drei bis sechs Jahren. Erikson würde diese Phase noch einmal aufteilen (in seine Phase zwei und drei), aber wir wollen es hier kürzer halten. Wenn Sie mehr über Eriksons Modell erfahren möchten, lesen Sie sein Standardwerk »Kindheit und Gesellschaft« aus den Fünfzigern; das lohnt sich auch heute noch. So viel sich in unserer Gesellschaft auch verändert hat: Wir entwickeln uns doch im Großen und Ganzen seit Jahrtausenden gleich.

In unserer vierten Phase spielen Fremdeinflüsse außerhalb der Familie zunehmend eine Rolle. Wir befinden uns zu Beginn dieser Phase im bekannten »Fragealter«. Selten werden Antworten einfach nur noch so hingenommen. Charakteristisch für diese Phase sind nicht enden wollende Dialoge, bei denen das »Warum« ein fester rhetorischer Bestandteil ist, egal, was man darauf antwortet. »Warum gehen Hunde auf vier Beinen?«, »Warum ist die Sonne gelb?«, »Warum macht Papa Überstunden?« Manchmal können Erwachsene nur noch mit einem »Das weiß ich auch nicht« oder »Das ist eben so« oder »Iss deine Spaghetti, bevor sie kalt werden« antworten. Das ist nur allzu menschlich; allerdings können auch solche »falschen« Antworten durchaus Auswirkungen haben, denn Kinder erleben in diesem Stadium eine Stabilisierung ihrer Erinnerungsfähigkeit. Das gesprochene Wort, alles, was sie hören, erleben und fühlen, prägt sich ihnen ein. Auch leistungsorientiertes Verhalten entwickelt sich; Kleinkinder merken sich, was sie tun müssen, um etwas zu erreichen oder zu bekommen. Sie greifen jetzt bereits auf ihr »Erfahrungsarchiv« zurück und rufen Handlungen ab, um eine bestimmte Reaktion zu erzeugen. Die Eltern und der enge Familienkreis spielen zwar noch die prägenden Hauptrollen, aber zunehmend lassen sich Kinder in dieser Phase auch von anderen Menschen beeinflussen. Freundschaften mit Gleichaltrigen lösen die Erziehenden als alleinige Bezugspersonen ab. Die kleinen Menschen ahmen andere nach und bringen in diesem Alter aus dem Kindergarten, vom Spielplatz oder von Geburtstagsfeiern viele neue Ausdrücke, Gesten und Verhaltensmuster mit nach Hause, die man – auch wenn man es möchte – so schnell nicht aus dem Kopf des Kindes verbannen kann. Zum ersten Mal wird die »Peergroup«, also die Gruppe der Gleichaltrigen, wichtig.

In dieser Phase entscheidet sich auch, ob man eher zum »Festhalter« oder zum »Loslasser« wird. Wohl nicht von ungefähr entwickelt sich zu dieser Zeit der Muskelapparat; es scheint, dass körperliche Entwicklung und psychische Reifung ohnehin in sehr engem Verhältnis stehen. Versuchen Sie, einem Zweijährigen sein Lieblingsspielzeug abzunehmen, und Sie wissen, was wir meinen. Geliebtes abzugeben fällt dem einen extrem schwer, dem anderen weniger. Die Fähigkeit loszulassen wird in diesen Jahren erworben – oder eben nicht. Dies ist sicherlich ein Grund, warum wir alle bei Verlust von geliebten Menschen, Tieren oder Objekten oft ganz unterschiedlich empfinden und trauern.

Kinder haben in diesem Alter noch das Problem, dass sie nur schwer zwischen Fiktion und Realität unterscheiden können. Dies hat zur Folge, dass sie sich auch unvoreingenommen und ohne Möglichkeit einer Abstraktion von nicht realen Dingen beeinflussen lassen, sei es ein brutaler Comic, ein Horrorfilm im Fernsehen oder eine Zeichentrickmaus namens Jerry, die einer Zeichentrickkatze namens Tom mit dem Hammer unentwegt auf den Kopf schlägt, ohne dass Tom ernsthaften Schaden davonträgt. Im echten Leben wäre Tom tot, genauso wie der Superheld im Fernsehen, der mit einem brennenden Helikopter abstürzt und nebenbei zwei Gangstern noch eigenhändig das Genick bricht, um dann ohne ernsthafte Verletzungen der Sonne entgegenzulaufen. Ganz zu schweigen von Computerspielen, die Nachbarn, Freunde, den großen Bruder oder sogar Papa begeistern; Spiele, bei denen man eine hohe Punktzahl erreicht, wenn man im Nahkampf so viele Menschen wie möglich abschlachtet. Kinder von drei bis sechs Jahren sind noch nicht in der Lage, zwischen Wirklichkeit und Fiktion zu unterscheiden; all diese Bilder prägen sich ein. Es ist wohl weniger bedenklich, dass Kinder unter Umständen versuchen, das Gesehene und Erlebte spielerisch nachzuahmen. Viel problematischer ist, dass derartige Szenen die Realität von Kindern beeinflusst, was unser Beispiel zeigt:

Der dreijährige Kai durfte an besonderen Tagen mit seinem großen Bruder nachts fernsehen. Seinen Eltern war es ziemlich egal; sie waren froh, dass ihre Bettruhe nicht gestört wurde. Am liebsten schauten die Brüder Werwolf- und Vampirfilme, und weil Kai seinen großen Bruder sehr bewunderte, fand er solche Filme ebenfalls ganz großartig (schließlich befand er sich in der Phase der Nachahmung). Nur leider hörte nach Ende des Films die Angst nicht auf. Es trat keine Erleichterung ein, wie bei Erwachsenen, die aus der Traumwelt wieder in die Wirklichkeit zurückkehren. Kai spürte keinen Unterschied. Vampire und Werwölfe gab es – er hatte es ja deutlich gesehen. Als seine Mutter eines Tages mit Entsetzen feststellte, dass Kai auf die Rückenlehne aller Designer-Polstermöbel im ganzen Haus mit rotem Wachsmalstift dicke Kreuze gemalt hatte, stellte sie ihren Sohn zur Rede. Auf ihre Frage, warum er das getan hatte, kam seine Antwort ganz sachlich und nüchtern: »Aber Mama, du bist aber doof! Die Kreuze sollen die Vampire abhalten.«

Die Tragik dieser Geschichte liegt nicht darin, dass Karin, Kais Mutter, die sündhaft teuren Möbel praktisch verschrotten konnte. Viel dramatischer ist, dass wir die Angst des kleinen Kai förmlich spüren können, wenn er jede Nacht mit aufgerissenen Augen im Bett liegt und hofft, dass »sie« ihn nicht holen kommen. In seiner Welt ist dies furchtbare Realität.

Ein weiteres Charakteristikum der vierten Lebensphase ist die frühkindliche Sexualität. In Fachkreisen spricht man von der »geschlechtsspezifischen Sozialisation«. Das soll nicht heißen, dass die meisten Kinder in diesem Alter bereits sexuelle Erfahrungen machen, jedoch beginnen sie, ein für ein Geschlecht typisches Verhalten nachzuahmen. Kleine Jungen versuchen machoähnliche Verhaltensweisen an den Tag zu legen und das bei Papa, Onkel oder Bruder Gesehene zu imitieren. Bei Mädchen ist es ein feminines Gestikulieren, ein unschuldiges »Flirten«; man probiert schon mal den Lippenstift der Mutter oder Schwester aus, verkleidet sich als Dame oder Prinzessin, bis man aus Mamas viel zu großen High-Heels kippt, oder versucht, mit den Jungen aus dem Kindergarten anzubandeln. Gerade bei Mädchen lösen Babypuppen den Teddybären ab. Man übt sich schon mal in der Mutterrolle, auch wenn die erst Jahrzehnte später interessant sein sollte. Trotzdem beginnen Kinder bereits in diesem Alter, mit ihrer Sexualität und den für das eigene Geschlecht typischen Verhaltensweisen zu kokettieren. Die frühkindliche Sexualität – wir sind in keinem Alter asexuell – äußert sich dann auch recht deutlich durch »Doktorspiele« mit Gleichaltrigen, das Reiben der Geschlechtsteile am Arm der Eltern oder das betonte Juchzen beim Windeln, wenn Penis oder Scheide gestreichelt beziehungsweise eingecremt werden. Sexuelle Wesen sind wir von Geburt an, die zärtliche Berührung unserer Sexualorgane und sonstigen erogenen Zonen des Körpers tut in jedem Alter nur gut, wenn sie angemessen, freiwillig, von uns selbst initiiert und/oder durch geliebte Menschen geschieht (sexueller Missbrauch ist hiervon klar zu unterscheiden; wir werden darauf später näher eingehen). Vielfach müssen wir es als Erwachsene erst wieder lernen, was uns als Kindern so natürlich erscheint: das Genießen des eigenen Körpers – vor allem dann, wenn wir in dieser Phase gelernt haben, dass man »so etwas« nicht macht, weil man sich »da unten« nicht anfasst. So erklärt sich, warum verschiedene Menschen mit ihrer Sexualität so unterschiedlich zurechtkommen. Die Grundlagen dazu werden in dieser Phase gelegt.

Nach dieser Phase kommen wir jetzt zur **fünften Phase,** zum »Ernst des Lebens«, dem Alter zwischen sechs und zehn Jahren. Die Schule beginnt und damit für manche Kinder eine der schönsten Phasen ihres gesamten Lebens. Für andere ist die Schulzeit ein wahr gewordener Alptraum. Was für ein Alter! Nun sind Kinder alt genug, um zur Verantwortung gezogen zu werden (im Klassenzimmer zumindest), sie erscheinen zum ersten Mal in statistischen Erhebungen, haben Pflichten wie Hausaufgaben und Lernen und werden Teil der Leistungsgesellschaft, wenn auch noch in abgemilderter Form. Es macht Sinn, dass man mit sechs Jahren eingeschult wird: Nach Erikson setzt hier die Phase der Leistungskraft oder des Minderwertigkeitsgefühls ein, je nachdem ob positive oder negative Erfahrungen gemacht werden. Besonders fatal wirkt sich in dieser Phase alles aus, was als negativ mit der eigenen Leistung verbunden wird. In dieser Zeit entstehen die allseits bekannten persönlichen Talent-Mythen: »Physik kann ich einfach nicht«, »Ich bin von Haus aus unsportlich«, »Ich bin sprachlich unbegabt« oder: »Wenn es um Zahlen geht, bin ich eine Niete.«
Da hat es vielleicht einen Lehrer gegeben, der von Pädagogik keine Ahnung hatte, oder eine Lehrerin, die ihren Beruf hasste und uns deshalb mit griesgrämigem Gesicht jahrelang an den Kopf warf, wie dumm wir seien – und schon glauben wir es. Und mehr noch: Diese Überzeugung wird Teil unserer Persönlichkeit. Wir halten uns für Versager auf der ganzen

Linie. Dabei ist es wahr, was wir als Schüler schon ahnten: Es liegt nicht selten an der Unfähigkeit oder dem Unwillen von Lehrkräften, die richtigen Worte und Bilder zu finden, damit wir verstehen. Erfolgserlebnisse sind gerade in dieser Phase nicht nur für das Zeugnis immens wichtig, sondern auch für das Entstehen eines festen Selbstvertrauens und einer eigenen, als wertvoll empfundenen Persönlichkeit. Nicht für die Schule, für das Leben lernen wir[4] – das hatten schon die alten Römer verstanden. Erfährt ein Schulkind Stärkung und erlebt in dieser Phase die von ihm erbrachte Leistung positiv, kann es sich zu einem Menschen entwickeln, der an sich glaubt, der an Herausforderungen wächst, Misserfolge verkraftet und daraus lernt. Ein solcher Mensch wird auch Fehler zugeben können und seine Macht nicht missbrauchen. Es genügt eine einzige Lehrkraft, die uns positiv aufwertet, uns unterstützt, an uns glaubt – übrigens unabhängig von der eigentlichen Schulnote: eine Lehrerin, die mir mit einer Zwei in Mathematik vermittelt, dass ich ein Versager bin, weil ich eigentlich eine Eins hätte haben müssen, macht mehr kaputt als eine, die mir bei erfolgreicher Verbesserung auf eine Vier vermittelt, wie stolz ich auf mich sein kann, weil ich die Versetzung geschafft habe. Sie sehen, es ist alles eine Frage der Perspektive.

Was man in Vorschule oder Kindergarten erst langsam kennenlernte – Cliquenbildung, Ablehnung durch andere, aber auch neue Freundschaften, die unter Umständen ein ganzes Leben lang andauern können –, das erlebt man nun die nächsten neun bis 13 Jahre in den heiligen Hallen der Schule. Zurückweisung, Isolation – jeden Tag können sich in unserer schulischen Laufbahn unvorhersehbare Krisen und Kleinkriege ereignen. Aber es gibt natürlich auch schöne Erlebnisse: gute Noten, ein wohlmeinendes Schulterklopfen der Lehrer, Einladungen zu Geburtstagsfeiern der Mitschüler, Unterstützung durch die Banknachbarn. All das bereichert unser Leben auf positive Weise, macht uns Mut und stärkt unser Selbstbewusstsein. Wir machen zum ersten Mal die Erfahrung, dass wir aufgrund guter Leistungen auch außerhalb der Familie Lob und Anerkennung ernten, und beginnen, unser eigenes soziales Netz zu spannen. Auch nach der Schule entwickelt sich ein Leben, das fern des Elternhauses abläuft: das Treffen mit Freunden, das Training im Sportverein, die wöchentlichen Treffen mit der Musikgruppe. Es sind so viele neue Eindrücke, die von nun an unser gesamtes Leben auch außerhalb der Familie beeinflussen und prägen. Wir beginnen, ein autonomes Leben zu führen, und bestehen auf einer gewissen Unabhängigkeit. Dies ist natürlich nur ein leiser Vorgeschmack dessen, was Eltern oder Erziehungsberechtigte in der Pubertät durchmachen müssen, doch auch diese Zeit kommt schneller, als ihnen lieb ist, denn ab circa dem neunten Lebensjahr befindet man sich bereits in der Frühpubertät, und nichts wird mehr so sein wie früher…

Phase sechs – Pubertät, die Erste (circa zehn – 13 Jahre):
Vorbei sind die Zeiten, in denen Ihre Kinder Ihnen mit ihrer kindlichen Mimik und ihrem unschuldigen Lächeln die eine oder andere Freudenträne entlockten, vorbei die Momente, in denen Sie nur einmal auf liebevolle Weise den Finger heben mussten, um so ein für alle Mal klarzumachen, dass dies oder jenes verboten ist. Vorbei sind auch die Zeiten, in denen Sie mindestens einmal am Tag hörten: »Mami, ich hab

dich lieb« oder »Papi, ich vermisse dich so«. Willkommen in der Pubertät! Jetzt möchte niemand mehr kuscheln. Jetzt sind Sie gefordert, vor allem Ihre Nerven. Sie denken, wir übertreiben?

Erinnern Sie sich noch an Ihre eigene Pubertät? Der »Fastjugendliche« oder »das Kind auf dem Sprung in die Adoleszenz« verändert sich in Körper und Geist. Man durchlebt eine Metamorphose, eine wundersame Verpuppung, an deren Ende man zwar nahezu ausgewachsen, aber eben noch lange nicht erwachsen ist. Neue Prioritäten stehen auf dem »Küchenplan des Lebens«. Das »Rezept« wird ergänzt, der »Marinade«, in der wir ziehen, werden wieder neue Zutaten beigefügt. Waren bis dato Eltern, Erziehende und Familie der Mittelpunkt, will man sich in diesem Alter, zumindest vorübergehend, von allen Zwängen befreien – vor allem in der zweiten Hälfte der Pubertät. Und wie macht man das? Man protestiert, am besten gegen alles – abgesehen vom erlauchten Kreis derer, mit denen man sich identifiziert, weil sie cool, anders oder besonders sind. Und: Man wird geschlechtsreif, hat völlig neue Bedürfnisse, empfindet körperliche Lust, interessiert sich für das andere oder auch für das eigene Geschlecht, die Hormone fahren Achterbahn. Pubertierende orientieren sich meist an zumindest Gleichaltrigen oder auch Älteren und suchen deren Nähe. Man beginnt, eitler zu werden, legt Wert auf sein Äußeres, entwickelt seinen eigenen, persönlichen Stil, auch wenn man damit unter Umständen bei Lehrern, alten Freunden und vor allem bei der Familie aneckt. Es beginnt die Phase, in der man sich für seine Eltern schämt. »Was? Du willst mich bis vor die Schule fahren? Um Himmels willen, halte bitte hier an, den Rest laufe ich ...« Kommt Ihnen das bekommt vor, von Ihnen selbst oder Ihren Kindern? In der Pubertät beginnen Kinder und Jugendliche, das Recht auf Privatsphäre einzufordern, um den eigenen Körper zu erforschen und zu genießen und um den eigenen Freundeskreis zu definieren und zu pflegen, ohne dass Mama oder Papa mehr als die Vornamen der Kumpels oder Freundinnen erfahren. Pubertierende zwischen zehn und 13 Jahren kämpfen dagegen an, noch als Kinder angesehen zu werden, obwohl sie das sogar rechtlich noch sind. Sie fühlen sich innerlich mit neuen Interessen, Sehnsüchten, Wünschen und ihrer Sexualität wie Erwachsene, aber der Körper und auch der Geist sind noch nicht ausreichend gereift. Deshalb kämpfen Jugendliche – vor allem gegen sich selbst. Und manche ringen bis ins hohe Alter um ihre sexuelle Identität, mit Vorlieben und Körpergefühl. Nur in den seltensten Fällen ist man in dieser Phase mit sich zufrieden. Am meisten prägt in diesem ersten Pubertätsabschnitt die erweiterte Peergroup, also Freunde, vor allem Ältere, Idole aus den Medien, Sportler, Musiker, Filmstars. Man imitiert deren Verhalten, möchte am liebsten so sein wie sie. Und die Erziehenden? Die können sich in dieser Phase warm anziehen und versuchen, auf sehr subtile Art und Weise ihren Einfluss geltend zu machen. In diesen Jahren sind Eltern vor allem die Versorger, die den Frühjugendlichen ein Heim, Nahrung und Fürsorge bieten. Und das bedeutet sehr viel, denn je mehr sich Jugendliche in dieser Phase sozial (nicht emotional!) abnabeln, desto stolzer können die Eltern sein; sie haben zumindest das meiste richtig gemacht.

Wenn Ihre Kinder in diesem Alter sind und Ihnen darüber hinaus noch ab und zu Persönliches anvertrauen, können

Sie sich überglücklich schätzen. Das Beste, was Sie als Eltern also tun können, ist, Ihren Kindern zu signalisieren, dass Sie für sie da sind – im Idealfall mit dem Nachsatz: »Egal, was passiert.« Natürlich ist es in dieser Phase auch wichtig, korrigierend einzugreifen, sollten die Eskapaden der Sprösslinge zu destruktiv werden. Versuchen Sie, wenigstens erzieherisch das Ruder in der Hand zu behalten, um nicht zweifelhafte »Neu-Idole« die Rolle des Steuermanns im Leben Ihrer Kinder spielen zu lassen. Behaupten Sie Ihre Stellung, aber nicht mit Druck und Drohung, sondern mit wachsender Kollegialität, Beratung und Toleranz für den eigenen Lebensweg Ihres Kindes. Im Zweifelsfall hilft ein offenes Ohr mehr als ein erhobener Zeigefinger. Das ist zwar ein bisschen schwieriger als Anbrüllen und andere drastische Maßnahmen, aber am Ende werden sich Ihre Kinder dann auch mit Ihnen beschäftigen, wenn sie es nicht mehr müssen. Und das wäre doch schön, oder? Gelingt Ihnen die Gratwanderung zwischen autoritärer und antiautoritärer Erziehung auch in dieser Phase, wird in den meisten Fällen alles gutgehen. Aber noch ist es nicht vorüber. Denn nun kommen wir zu den Jahren 13–16: **Pubertät, die Zweite, die siebte Phase.**

Wir haben bereits darüber geschrieben, dass Pubertierende sich vom Vorbild der Eltern und der Familie entfernen, um sich in einer neuen Umgebung auszuprobieren, in der Welt der Jugendlichen. Man versucht, den »autoritären Fängen« der Erziehenden zu entkommen und seinen eigenen »Groove« zu finden. In der zweiten Hälfte der Pubertät kommt man dem Ziel, das Leben eines Erwachsenen zu führen, immer näher. Man ist nun nicht mehr Kind, sondern befindet sich stattdessen in der Adoleszenzphase. Man ist Jugendlicher, mancherorts passiert es einem sogar schon, dass man gesiezt wird, was einem Ritterschlag gleichkommt. Gegen Ende dieser vorletzten unserer acht Prägungsphasen machen die meisten Jugendlichen bereits erste sexuelle Erfahrungen. Manche beenden hier bereits ihre schulische Karriere und begeben sich ins Berufsleben, wo sie mit ganz neuen Rechten und Pflichten als Auszubildender und Arbeitnehmer konfrontiert werden. Man kann häufig beobachten, wie unterschiedlich Jugendliche in diesem Alter sind. Die einen sind recht selbständig, haben regelmäßig Sex, eine Beziehung und/oder gehen einem Beruf nach, andere dagegen sind noch mehr Kind als Erwachsener und haben es auch mit den ersten sexuellen Erfahrungen nicht so eilig. Sportverein oder Make-up, PC-Spiele oder Kondome – die Unterschiede zwischen Gleichaltrigen sind in dieser Phase erheblich. Eltern spielen auch in diesem Altersabschnitt hinsichtlich der Prägung eher die zweite Geige; sie sind mehr Chorstimmen als Dirigenten. Doch in vielen Fällen stellen die Erziehenden noch die solide Basis dar, den ruhigen Hafen, in den man nach wie vor und jederzeit einfahren kann, wenn man Hilfe und Rat braucht. Egal, ob frühreif oder nicht, man hat sich in der zweiten Hälfte der Pubertät bereits seinen eigenen Freundes- und Bekanntenkreis geschaffen, steckt bewusst und auch nach außen hin spürbar seine Grenzen zu Freunden, Kollegen und Familie ab und hat eigene gedankliche Standpunkte entwickelt, die man zu verteidigen versucht. Es ist leider mittlerweile schwer, exakt zu sagen, in welcher der acht Prägungsphasen Kinder oder Jugendliche die ersten Erfahrungen mit Alkohol oder Drogen machen; ein sehr heikles Thema, das man aber – wie Sex – nicht tabuisieren muss. Gerade Jugendliche, die kein wirkliches Zugehörigkeitsgefühl zur eigenen Familie entwickelt haben oder in einer sehr unstabilen häuslichen Umgebung aufwuchsen, wo unter Umständen Strenge, Gewalt und ein Mangel an Liebe und Fürsorge an der Tagesordnung waren, sind eher zugänglich für Betäubungsmittel oder exzessiven Umgang mit Alkohol, um für eine gewisse Zeit in eine andere Welt abzugleiten oder das eigene Schicksal befristet zu vergessen. Wir haben uns dazu entschieden, das Thema Drogen und Alkohol in diese vorletzte Prägungsphase zu integrieren. Leider ist es aber oftmals bereits die erste Pubertätsphase, in der Jugendliche erste Erfahrungen mit Rausch- und Suchtmitteln machen. Es ist für Erziehende schwer, sicherzustellen, dass ihre Kinder im Umgang mit diesen beiden Themen von den richtigen Menschen geprägt werden und sich zu starken Persönlichkeiten entwickeln. Man kann allerdings das Risiko der negativen Prägung deutlich minimieren.

Die achte und letzte Prägungsphase umspannt den Zeitraum von circa 16 bis 20 Jahren. Diese Phase stimmt in vielem mit dem überein, was wir schon in den beiden vorhergehenden Pubertätsphasen beschrieben haben. Im Unterschied dazu ist man jetzt als Jugendlicher auf Kurs in das Erwachsenenleben. Wie auch bereits in der letzten Phase gibt es Jugendliche, die bereits ernsthafte Beziehungen haben oder hatten, im Berufsleben stehen, unter Umständen bereits das Elternhaus verlassen haben, und andere, die sich mit dem Erwachsenwerden Zeit lassen und die Vorzüge des elterlichen Nests genießen. Die Gepflogenheiten in der Erziehung sind natürlich auch sehr unterschiedlich. Haben die einen nahezu alle Freiheiten, was Ausgehen, Sexualität und schulische Laufbahn angehen, sind andere dagegen immer noch einem deutlichen Diktat unterworfen, getreu dem Motto: »Solange du deine Füße unter meinen Tisch streckst …« Interessant zu beobachten ist, dass junge Erwachsene während dieser Pubertätsphase nun auch vermehrt wieder die Erziehenden, Eltern oder andere Familienmitglieder als Vorbilder heranziehen (sowohl negativ als auch positiv), was beispielsweise Karriere, Ausbildung und Beziehung betrifft. Man hat nicht länger diese »Alles, was meine Eltern sagen ist Sch…«-Haltung, ist objektiver und offener für Meinungen und Ratschläge der eigenen (Kern-)Familie.

Das also war unsere eigene Interpretation von Prägungsphasen, die der Mensch zwischen null und 20 Jahren durchlebt. Störungen, Traumata und Verletzungen in jeder dieser Phasen führen zu »Macken« im späteren Leben. Jeder von uns hat sie. Manche sind liebenswert, nervig oder auch beängstigend – je nach Stärke der Verletzung. Weil, Sie erinnern sich, Alter, Disposition und Erlebnis dafür ausschlaggebend sind (siehe S. 14–15, wo es um die drei Faktoren der Entwicklungspsychologie geht), kann es sein, dass das gleiche Ereignis bei dem einen ein Trauma hervorruft und einen anderen fast unbeschadet zurücklässt, wenn der eine von Haus aus eine labilere Disposition hat und der andere eine eher robuste Seele. Und wenn dasselbe Erlebnis einem Menschen in der Kindheit passiert, einem anderen aber als Erwachsenem – zum Beispiel die Scheidung der Eltern oder Tod einer geliebten Person –, wird auch das ganz unterschiedliche Folgen haben. Ein Kind wird in der Regel durch ein solch einschneidendes Erlebnis stärker beeindruckt.

Nachdem Sie aber nun über Gründe und Ursachen von gesunder und gestörter Entwicklung Bescheid wissen, ist es höchste Zeit, den Fokus von der Theorie auf die Praxis und von anderen auf Sie selbst zu richten. Wir schlagen dazu die folgende Übung vor.

Übung: Das Buch des Lebens (Prägungsgenese)

Wir möchten Sie in einen Reflexionsprozess begleiten, der Ihnen helfen kann, Ihre eigene (Familien-)Geschichte zu begreifen, Hintergründe und Zusammenhänge zwischen dem Erlebten und der Gegenwart herzustellen, denn darum geht es in diesem Buch: um Ihre ganz eigenen Erlebnisse.

Nehmen Sie dazu bitte einen Stift zur Hand und blättern Sie auf die Seite 52. Dort finden Sie eine Tabelle. Dies ist Ihr Buch des Lebens, Ihre ganz persönliche Prägungsgenese. In Stichpunkten können Sie damit Ihre Autobiographie erstellen. Ziel des Ganzen ist, sich an Situationen und Gegebenheiten zu erinnern, die Sie unter Umständen schon vergessen oder verdrängt hatten, und Ihre eigene Geschichte aus einem anderen, heutigen Blickwinkel zu sehen – mit Distanz, mehr Erfahrung und größerer Reife. Sowohl im Sinne der Salutogenese als auch im Sinne der Resilienzstärkung macht das Sinn. Vielleicht werden Sie auch feststellen, dass Sie heute anders über die Mitwirkenden Ihres Lebensbuchs urteilen; vielleicht werden Sie heute verstehen, warum Ihre Eltern Dinge taten, die Ihnen damals so sehr missfielen. Oder Sie werden feststellen, wie stark Sie geworden sind und wie viel Sie durchlebt haben, oder Sie merken, wie sehr Sie durch Ihr Leben und Ihre Erfahrungen gestärkt wurden und die Fähigkeit entwickelten, erfolgreich zu leben. Zu guter Letzt kann Ihnen Ihr Lebensbuch dazu verhelfen, zentrale Heilsbotschaften zu identifizieren, die Sie an geliebte Menschen weitergeben können – wenn es passt.

Um genauer zu erklären, wie Sie Ihr Lebensbuch ausfüllen, hier ein Beispiel:

1. Alter: Sie legen Ihre eigenen Phasen und deren Dauer fest, zum Beispiel bis zum zweiten Lebensjahr oder 35 bis 37 Jahre et cetera. Sollten Sie mehr Zeilen benötigen als vorgegeben, schreiben Sie einfach auf einem Zettel weiter.

2. Titel: Geben Sie der von Ihnen definierten Prägungsphase eine Romanüberschrift oder Schlagzeile. Seien Sie ruhig kreativ! Zum Beispiel »Die dunklen Täler meiner Kindheit«, »Das Lachen eines Sommers« oder »Der Abenteuerspielplatz Universität« …

3. Hauptpersonen: Nennen Sie die Person oder Personen, die Sie mit der jeweiligen Phase hauptsächlich verbinden, die Sie am meisten geprägt haben.

4. Erinnerungen: Fassen Sie kurz zusammen, welche negativen oder positiven Ereignisse Sie in dieser Phase als am wichtigsten erachten.

5. Erkenntnisse damals: Schreiben Sie auf, welche Erkenntnisse und Lehren Sie aus dieser Phase gezogen haben.

Formulieren Sie sie jeweils in einem Satz, zum Beispiel »Vertrauen lohnt sich nicht« oder »Immer an das Gute im Menschen glauben«.

6. Erkenntnisse heute: Haben sich Ihre Erkenntnisse mittlerweile durch andere Erfahrungen verändert? Wie würden Sie das heute ausdrücken? Sehen Sie die Dinge heute in einem anderen Licht? Aktualisieren Sie Ihre Erkenntnisse von damals. Sollte es keine Veränderung geben, übernehmen Sie die Formulierung einfach.

Nehmen Sie sich viel Zeit für Ihr Buch des Lebens. Es kann Sie Ihr ganzes Leben lang begleiten. Sie können es immer wieder zur Erinnerung hervornehmen oder es zur Verarbeitung dessen weiterschreiben, was Ihnen positiv wie negativ widerfährt. Sie können unsere Tabelle auch als Grundlage für eine große Autobiographie über Ihr eigenes Leben benutzen – denn sie wäre es sicherlich wert, geschrieben zu werden. Und allen, die nun total überfordert sind oder einfach keine Lust auf diesen Reflexionsprozess haben: Das Buch können Sie auch ohne diese Übung fortsetzen. Das wäre zwar ein bisschen schade, aber auch kein Problem.

Das Buch des Lebens

Alter	Titel	Hauptperson(en)	Erinnerungen

Erkenntnisse damals	Erkenntnisse heute

Kapitel 2

▷ Die Kernfamilie

Ich schreibe von den intensivsten Gefühlen, die ich je in meinem Leben hatte. Ich möchte berichten von einer unbändigen emotionalen Kraft, die mich als Kind regelrecht in die Knie zwang, mich manchmal nahezu um den Verstand brachte. Diese Angst, die mich in manchen Nächten Stimmen aus dem Keller hören, Gestalten am Fenster meines Zimmers sehen und den eisigen Geruch des Alleinseins in unserem Haus registrieren ließ. Ich möchte erzählen von der Angst, meine Eltern zu verlieren. Aber ich möchte noch mehr preisgeben von mir, besser gesagt von dem, was mich in frühen Jahren prägte und in einem gewissen Maße zu dem machte, was ich heute bin. Ich möchte die Glücksmomente mit meinen Eltern zurückrufen, in denen ich einfach nur unbeschwert sein konnte, auch wenn das nicht allzu oft der Fall war. Die Stunden im Kreise meiner Familie, in denen Schule, Ärger mit Freunden oder die Unzufriedenheit mit dem eigenen Körper den geistigen Horizont verließen und mich in Ruhe ließen, mir ermöglichten, das Hier und Jetzt zu genießen und von meiner Umwelt als die geliebt zu werden, die ich bin, und nicht als die, die ich versuchte zu sein. Meine Eltern haben mich stets ernst genommen und mich so gut wie nie als »Schutzbefohlene« behandelt. Sie suchten immer den Dialog mit mir, befragten mich zu Themen, die andere Kinder in diesem Alter »noch gar nichts angingen«. Ich war nie außen vor, immer mitten drin. Den obligatorischen Kindertisch gab es nicht, wenn meine Eltern Einladungen aussprachen. Jeder konnte da sitzen, wo er wollte. Wir waren integriert. Vieles habe ich von meinen Eltern gelernt, vieles übernommen, weniges vermieden. Ich habe die Momente aufgesogen, versucht, Gestik, Mimik und Artikulationen zu kopieren: das Strahlen, die Güte und der Optimismus meiner Mutter, den Witz und die Rhetorik meines Vaters. Ich bin das Kind meiner Eltern, das ist unbestritten. Ein Leben lang. Und ich bin geprägt worden durch Ereignisse und Eindrücke. Das zieht sich bis in mein gegenwärtiges Dasein. Ich war als Kind öfter allein, vielleicht ein wenig zu oft, als mir lieb war. Und bis heute bin ich ein schlechter Single, vermeide das Auf-mich-gestellt-Sein und möchte meinen Mann immer um mich herum wissen. Zum einen weiß ich zwar, dass ich mein Leben eigenständig in den Griff kriege. Das musste ich früh lernen, und die beruflichen Erfolge bestätigen dies. Aber im Privatleben bin ich gänzlich auf ein Duett eingestellt. Soli liegen mir nicht. Das Leben ist eben doch ein Kreislauf.«

Ja, das ist es wohl. Und wir sehen hier ganz deutlich, was wir im ersten Kapitel theoretisch aufzeigen wollten: Prägungen sind in unserem ganzen späteren Leben spürbar. Wir danken einer uns sehr vertrauten und starken Frau für dieses einfühlsame und ehrliche Statement. Um die Sache zu vereinfachen, nennen wir sie künftig schlicht Frau X. Es wäre ein Leichtes, andere Erwachsene zu zitieren, die vollkommen entgegengesetzte Eindrücke aus ihrer Kindheit und von ihrem Elternhaus bewahrt haben und daher von anderen Erlebnissen geprägt wurden, doch das würde ein eigenes Buchregal füllen.

Wenn wir von der Kernfamilie sprechen, schwenken wir die Scheinwerfer auf die Eltern oder die Erziehenden, denn nichts prägt uns in jungen Jahren mehr als Mutter oder Vater beziehungsweise die Menschen, die eine vergleichbare Rolle in unserem Leben spielen. Sie bestimmen maßgeblich unsere Entwicklung; Eltern sind Vorbilder, Ideale und Impulsgeber. In diesem Kapitel wird unter anderem noch einmal gezeigt, was viele vielleicht bereits vergessen haben – dass man unbewusst seine Eltern immer noch als Vorbild hat, als positives oder negatives.

Frau X bekam in ihrer Kindheit viel Liebe und Verständnis von ihren Eltern entgegengebracht. Sie hatte schon früh viele Freiheiten. Wir haben hier ein beeindruckendes Zeugnis davon, was geschieht, wenn ein Elternhaus Liebe, Wärme und Geborgenheit vermittelt. Die Botschaft »Du bist wunderbar« trägt man dann das ganze Leben in sich; man wird stark und kann den Widrigkeiten des Lebens heute so trotzen wie damals, als man zu Papa und Mama heimkommen und die »Welt da draußen« ausblenden konnte – zugunsten einer »Welt da drinnen«, in der man ohne Bedingung geliebt wurde. Wie wunderbar! Ein Weiteres lernen wir von Frau X: Wir bestimmen im Nachhinein selbst, was für uns schädlich und was wichtig war. Psychologen sehen es sehr kritisch, wenn Kinder zu Vertrauten ihrer Eltern werden. Viele Fachleute sprechen dann sogar von einer Perversion, die gerade in Scheidungsfamilien oft vorkommt, und daran ist viel Wahres: Kinder sind oft überfordert mit der Rolle des Vertrauten, bei dem sich Papa oder Mama ausweinen und trösten lassen. Sie nehmen sich dann als Retter der Eltern wahr, und jedes Mal, wenn Papa oder Mama wieder am Boden sind, fühlen sie sich persönlich dafür verantwortlich. Sie erleben sich als Versager, fühlen sich schuldig – weil sie Mama wieder nicht retten oder Papa immer noch nicht von seinem Schmerz erlösen konnten. Ein furchtbarer Teufelskreis. Frau X hat es anders erlebt, und sie ist in ihrem Fall die Expertin. Wir selbst sind die Autorität für die Interpretation unserer eigenen Geschichte, keiner sonst. Frau X sieht in dem vertrauten Verhältnis zu ihren Eltern keine Last, vielmehr schreibt sie ihm einen Großteil ihrer eigenen Stärke zu. Das ist wieder ein Beweis, wie wichtig es ist, sich davor zu hüten, andere zu beurteilen. Zuhören und Verstehen sind viel bessere Wege zur Erkenntnis – und um die geht es hier. Und doch gab es auch Brüche im Leben von Frau X. Auch sie musste als Kind lernen, dass die Zeit mit ihren geliebten Eltern kostbar war, denn beide waren berufsbedingt nicht immer jederzeit verfügbar. Und hier sehen wir, dass viele Verletzungen, die uns im Laufe unseres Lebens widerfahren, von den Verursachern weder böse gemeint noch beabsichtigt sind. Sie liegen oft fast schon in der Natur der Sache, haben mit äußeren Zwängen oder auch eigenen Grenzen unserer Eltern zu tun, die ja auch immer schon Kinder ihrer Eltern sind. Es kann uns auch ein wenig entlasten, zu wissen, dass wir – sei es als Eltern oder als Kinder – alle mit Grenzen konfrontiert werden und für Verletzungen, die wir anderen zufügen, zwar verantwortlich, aber nicht immer schuld daran sind. Und für unsere Eltern gilt dasselbe, ebenso wie für deren Eltern. Bei Frau X haben die Verletzungen dazu geführt, dass ihre Eltern zwei Dinge gegeneinander abwägen und sich zwischen dauerhafter Anwesenheit oder finanzieller Sicherheit entscheiden mussten. Beides zugleich war nicht möglich. In Anbetracht der Tatsache, dass sich eine gesunde, resiliente und lebensfähige Seele entwickelt hat, war die Wahl der Eltern genau die richtige für das Kind. Zurück bleibt aber bei Frau X jenes Angstgefühl, das sie anfangs beschreibt. Es ist eine Form von Verlustangst, die gepaart mit einer Eltern-Kind-Liebe bei ihr eine außergewöhnlich hohe Leidenschaft hervorruft – jedenfalls sieht sie das so, und das ist ausschlaggebend. Von Bindungsangst haben Kinder, die ähnliche Erfahrungen wie Frau X gemacht haben, noch nie etwas gehört. Am liebsten würden sie ihre Mütter oder Väter heiraten, damit dieses Gefühl der Verbundenheit nie endet. Dass später Lebenspartner die Funktion der Eltern übernehmen sollen, ist naheliegend, und darin liegt genau die Problematik: Der Partner wird zum Elternersatz und soll dann die Liebeslücken auffüllen, die durch die Trennung von den Eltern entstanden sind. Das ist eine nicht zu bewältigende Aufgabe, aber darüber haben wir an anderer Stelle ausführlich geschrieben.[5]

Dass Frau X und ihre Eltern es schon als junge Familie schafften, als »Team« zusammenzuleben und keine wirkliche Hierarchie benötigten, mag eine Ausnahme sein. In diesem Fall ging das demokratisch-partnerschaftliche Eltern-Kind-Konzept auf. Diese »permissive« (erlaubende) Erziehungskonstellation (das heißt, dass Nachgeben manchmal besser ist als Aufzwingen) hat Frau X positiv geprägt und geformt, doch es kann auch ganz anders kommen. Andere Versuche, Kinder antiautoritär zu erziehen, können dazu führen, dass Eltern ihren Zöglingen alles durchgehen lassen und diese den Erziehenden in allem widersprechen, Regeln und Vorgaben nicht zu befolgen lernen und ausschließlich nach eigenen Gesetzen leben. Dies ist wieder eine Überforderung des Kindes, das sich in seiner noch ganz unüberschaubaren Welt selbst zurechtfinden muss. Als Erwachsene haben solche Kinder häufig Probleme, sich einzuordnen, Kritik und Misserfolge zu ertragen und mit ihrem Leben zufrieden zu sein. Es ist für viele Eltern ein schwieriges Unterfangen, konsequent zu bleiben und Grenzen zu setzen. Aber vielen gelingt es auch, der heute empfohlenen Erziehungsmethode – einer ausgewogenen Mischung aus Partnerschaft und elterlicher Kontrolle – zu folgen statt einem antiautoritären Prinzip. Ob das eine besser ist als das andere, sei an dieser Stelle nicht weiter diskutiert. Es ist hoffentlich deutlich geworden, dass ein »Sowohl-als-auch« (sowohl autoritär als auch antiautoritär) eher zu stabileren Persönlichkeiten führt als ein »Entweder-oder«.

▷ Welche Familie ist die beste?

Kommen wir zurück zur Kernfamilie. Das sind Vater, Mutter und Kind – also ohne Opa, Oma, Schwiegereltern, Cousins oder Tanten. Wie muss die Familie sein, in der wir uns am besten zu einer stabilen Persönlichkeit entwickeln können? Man könnte jetzt natürlich sagen, dass jede Familie in ihrer Art einzigartig ist und es damit so viele Familienarten wie Familien gibt, aber dennoch begegnen uns immer wieder typische Familienmuster, die man als Familientypen zusammenfassen kann. Und wie so oft gibt es dazu auch wieder eine Wissenschaft: die Systemische Psychologie. »Systemisch« heißt sie deswegen, weil sie davon ausgeht, dass Familien Systeme sind – also Gruppen, die nach außen hin abgegrenzt (mit unterschiedlich offenen oder geschlossenen

Grenzen) und innen durch ganz bestimmte Dynamiken gekennzeichnet sind. Jedes Familienmitglied spielt in diesem System eine klar zugewiesene Rolle, und was ein Familienmitglied tut, beeinflusst alle anderen. Ein Familienmitglied kann sich somit auch nicht ändern, ohne dass es für die gesamte Familie Auswirkungen hat. Gibt es Probleme in einer Familie, wird nicht nur auf den vermeintlichen Verursacher geschaut (drogenabhängiger Sohn, ADHS-Kind, leistungsschwache Tochter et cetera), sondern die gesamte Familie wird in die Auseinandersetzung mit einbezogen. Systemiker sagen: »Nicht einer *ist* krank, sondern *das System krankt.*« Gerade als Kinder sind wir Symptomträger unserer Familien. Wenn zu Hause Scheidungskriege toben, ist es im Grunde nur logisch, dass die Kinder in der Schule nicht mit der notwendigen Aufmerksamkeit einem Vortrag über die Hochebenen Spaniens zuhören. Und dennoch wird auch heute noch viel zu oft das versetzungsgefährdete Kind als das Problem angesehen. Vielleicht kennen Sie das auch aus Ihrem eigenen Leben: Das Familiensystem beeinflusst uns enorm. Die Systemische Psychologie hat sich in den letzten Jahrzehnten durchgesetzt und gilt heute als beste Darstellung von Familien und ihren Problematiken.[6]

Drei Familientypen seien hier kurz beschrieben:

1. **Die traditionelle Familie**
   - » Motto: »Vater gibt die Richtung an.«
   - » Atmosphäre: streng, der Vater dominiert durch die Mutter
   - » Stimmung der Familienmitglieder: unterdrückte Gefühle, verklemmt

- » Ehe der Eltern: Vater dominant, Mutter untergeordnet
- » Grenzen: klar definiert
- » Intimität und Sensibilität: nur für Frauen in der Familie
- » Zorn und Wut: vom Vater ausgelebt, die anderen unterdrücken eigene Gefühle
- » Religion: konservativ
- » Sex: funktional, vom Mann dominiert
- » Kommunikation: einseitig

2. Die individualistische Familie

- » Motto: »Jeder muss sehen, wo er bleibt.«
- » Atmosphäre: aggressiv und manipulativ
- » Stimmung der Mitglieder: waghalsig und unternehmungslustig
- » Ehe der Eltern: lässig und impulsiv
- » Grenzen: rauh und distanziert
- » Intimität und Sensibilität: nur minimal vorhanden
- » Zorn und Wut: direkt ausgedrückt und ausgelebt
- » Religion: unbedeutend
- » Sex: eigennützig und aggressiv
- » Kommunikation: energisch und direkt

3. Die vermischte Familie

- » Motto: »Wir gegen den Rest der Welt.«
- » Atmosphäre: angsterfüllt
- » Stimmung der Mitglieder: besorgt
- » Ehe der Eltern: totale Verschmelzung der Partner
- » Grenzen: verschwommen
- » Intimität und Sensibilität: minimal
- » Zorn und Wut: indirekt ausgedrückt, »passiv-aggressiv«

- » Religion: Druck erzeugend, schuldorientiert
- » Sex: anstrengend, manipulativ
- » Kommunikation: unklar und indirekt

Können Sie sich schon einem der Familientypen zuordnen? Denken Sie daran, es gibt unzählige verschiedene Typen – im Grunde so viele, wie es Familien gibt. Vielleicht interessiert es Sie, das Ganze einmal mit Ihrer eigenen Familie durchzuführen. Dann können Sie hier Ihren Familientyp beschreiben:

Motto:

_____

Atmosphäre:

_____

Stimmung der Mitglieder:

_____

Ehe der Eltern:

_____

Grenzen:

_____

Intimität und Sensibilität:

_____

Zorn und Wut:

_____

Religion:

_____

Sex:

_____

Kommunikation:

_____

Wenn Sie dies geschafft haben, haben Sie einen großen Schritt gemacht: Sie haben Ihrer Familie bewusst ins Gesicht gesehen. Herzlichen Glückwunsch! Offenes Hinsehen ist unumgänglich, um etwas verstehen und verändern zu wollen und sich von der vielleicht größten Bürde zu lösen, die Familien uns auferlegen können: Scham.

▷ Scham und wie man sie überwindet

Scham ist das schmerzhafte Gefühl, das aufgrund des Empfindens entsteht, selbst etwas getan oder erlebt (oder bei anderen, mit denen man sich identifiziert, miterlebt) zu haben, das entwürdigend, lächerlich oder ungehörig ist, oder sich in einer Situation zu befinden, die das eigene Gefühl vom rechten Maß oder Anstand beleidigt.[7]

Menschen schämen sich für alles Mögliche: für Fehler, für Wut, für Angst, für Erfolg, für Ratlosigkeit, Hilfsbedürftigkeit, sogar für Freude, Liebe, Lust und Leidenschaft. Es scheint, als gäbe es nichts, wofür wir uns nicht schämen könnten. Es wird Sie vielleicht erstaunen: Scham ist erlernt. Alles, wofür wir uns schämen, haben wir im Laufe unseres Lebens als schamhaft vermittelt bekommen; es ist nicht von sich aus schamhaft. Nehmen wir zum Beispiel die Masturbation oder Selbstbefriedigung. Spätestens seit in den Fünfzigerjahren Studien über die Sexualität von Männern und Frauen durchgeführt wurden, wissen wir, dass 95 Prozent der Männer und 72 Prozent der Frauen regelmäßig masturbieren. Das sind weitaus mehr Menschen als jene, die beispielsweise regelmäßig Sport treiben, und trotzdem wird uns niemand begegnen, der auf die Frage »Machst du Sport?« schamhaft errötet – auf die Frage »Masturbierst du?« aber schon viel eher. Dabei müsste man bei einer 95- beziehungsweise 72-prozentigen Häufigkeit doch erkennen, dass Masturbation zutiefst menschlich ist, aber die meisten von uns haben schon früh gelernt, dass es nicht in Ordnung ist.

Die Scham für eine bestimmte Handlung hat sich häufig auch über Jahrhunderte entwickelt. Für unser Beispiel heißt das: Im Mittelalter wurde Selbstbefriedigung von der katholischen Kirche als Sünde definiert, in der Aufklärung (18. Jahrhundert) als »unnatürliches Verhalten« bezeichnet, und bis heute definiert die katholische Kirche Selbstbefriedigung als unreife Art der Sexualität. Also spricht man nicht darüber, sondern man schweigt. Und Schweigen ist ein Symptom der Scham, das wieder Scham hervorbringt. Als Kinder lernen wir, dass etwas, das nicht besprochen wird, nicht besprochen werden *soll*. So bekommt es den Stempel des Verbotenen, und jede Beschäftigung damit – und sei sie noch so zaghaft und nur in Gedanken – erzeugt Scham. Jede Familie hat ihre Tabus; das muss nicht immer Sexualität sein. Es kann sich auch um eine Krankheit oder »Abnormität« von Familienmitgliedern handeln, die Ausübung von Ungehorsam, das Äußern von Wut, der Suizid eines Familienangehörigen oder, oder, oder. Überlegen Sie ruhig einmal, welche Tabus es in Ihrer Familie gab. Welche Themen durften oder dürfen auf keinen Fall angesprochen werden, was ruft in Ihnen das Gefühl der Scham hervor? (Auf das Thema Tabu gehen wir später noch ausführlicher ein.) Bis zu einem gewissen Grad ist Scham normal – als ein Teil des »emotionalen Buffets«, das einem Menschen zur Verfügung steht. Aber sie kann auch zu einem vorherrschenden Gefühl werden; dann wird es höchst problematisch.

Sexueller Missbrauch

Im Falle sexuellen Missbrauchs wird Scham zum alles überschattenden Gefühl. Die »sexuell missbrauchende Familie« verletzt die Seele eines Kindes oder Jugendlichen am tiefsten. Wir können das Thema Missbrauch hier nicht ausreichend bearbeiten, wollen es aber auf keinen Fall ausschließen, denn die Zahlen der Betroffenen sind unglaublich hoch: Man nimmt an, dass jede dritte Frau und jeder siebte Mann in ihrem Leben sexuellen Missbrauch erfahren haben. Vielleicht sind Sie sogar selbst betroffen, dann lassen Sie sich unbedingt helfen – Psychotherapeuten führen sehr häufig Gespräche mit Opfern sexuellen Missbrauchs. Sie müssen also keine Bedenken haben, Ihre Geschichte zu erzählen.

Häufig aber sind die Opfer noch gar nicht so weit, erzählen zu können. Sie können sich oft noch gar nicht eingestehen, dass sexueller Missbrauch überhaupt stattgefunden hat, sagen sich Dinge wie: »Ich habe ja mitgemacht« oder »Ich hätte ja weglaufen können« und realisieren nicht, dass sie gar keine Wahl hatten. Zudem verwirrt sie unter Umständen die Mischung aus Anziehung (weil durch den Missbrauch Aufmerksamkeit geschenkt oder auch körperliche Erregung provoziert wird – ein unausweichlicher körperlicher Impuls) und Abstoßung beziehungsweise Ekel. Das erste Gefühl nach sexuellem Missbrauch ist fast nie Wut auf den Täter oder die Täterin – wie man annehmen müsste –, sondern immer Scham, verbunden mit Schuldgefühlen. Es ist teuflisch, dass sich nach sexuellem Missbrauch in der Regel das Opfer schuldig fühlt, denn das macht es so schwer, den ersten Schritt zu gehen, sich selbst einzugestehen, dass man sexuell missbraucht wurde, und zu erzählen, was geschah. Wer erzählt schon leichter Hand von dem, wofür er sich zutiefst schämt? Und doch ist dies der erste Schritt zur Heilung.

Sexueller Missbrauch kann in vielerlei Form geschehen. Hier eine Definition:

> *Sexueller Missbrauch ist jede sexuelle Handlung zwischen einer noch nicht erwachsenen Person und einem Erwachsenen; unabhängig davon, ob offene Gewalt oder offener Zwang angewandt wurde oder nicht. Besonders liegt sexueller Missbrauch dann vor, wenn das Opfer jünger als 13 Jahre und der Täter mindestens fünf Jahre älter ist oder wenn das Opfer zwischen 13 und 16 Jahre und der Täter mindestens zehn Jahre älter ist. Zudem kann auch eine*

sexuelle Handlung zwischen Gleichaltrigen als sexueller
Missbrauch definiert werden, wenn Gewalt oder Zwang
beinhaltet sind.[8]

Dabei ist sexueller Missbrauch vielgestaltig: Es können »lustige Bemerkungen« sein, die der Vater immer wieder über die Brüste seiner pubertierenden Tochter macht, oder der Wunsch der Mutter, ihren achtjährigen Sohn immer wieder zu baden. Es können regelmäßige Einläufe oder »Fiebermessungen« sein, die ohne medizinische Notwendigkeit durchgeführt werden, oder pornographisches Material, das »verabreicht« wird, ohne dass das Kind dafür bereit ist. Es kann ein älterer Bruder sein, der seine Schwester wiederholt befingert und ihr mit Gewalt droht, sollte sie es je den Eltern erzählen. Und natürlich handelt es sich um massiven Missbrauch, wenn ein Kind zur sexuellen Lust von Erwachsenen durch genitale Stimulation oder zum Geschlechtsverkehr benutzt wird. Das Opfer fühlt sich gedemütigt, verliert das Gefühl für sich selbst, teilt ein furchtbares Geheimnis mit dem missbrauchenden Elternteil und hat panische Angst davor, dass es wieder geschieht. Und das tut es nicht selten: Einige Forscher sprechen von einem Mittelwert von 83 Wiederholungen sexuellen Missbrauchs, wenn er einmal in einer Familie begonnen hat. Wir können uns ausmalen, wie furchtbar die Auswirkungen auf die Seele des Opfers sind. Wenn Sie sich in einer solchen Situation befunden haben, dann holen Sie sich Hilfe, falls Sie es nicht schon getan haben. Wenn Sie jemanden kennen, der etwas Derartiges erlebt hat, bieten Sie Hilfe an. Niemand muss da allein durch. Das Internet zum Beispiel bietet hier viele gute Ansatzpunkte. Geben Sie den Begriff »sexueller Missbrauch« in eine Suchmaschine ein und informieren Sie sich. Wir können Ihnen auch helfen, einen Therapeuten in Ihrer Nähe zu finden, wenn Sie über unsere Website www.dieloveacademy.de Kontakt mit uns aufnehmen. Wenn Sie sexuellen Missbrauch erfahren haben, lassen Sie sich helfen.

Bei den Betroffenen ist oftmals Scham eine Reaktion auf den erlebten sexuellen Missbrauch. Neben der Scham gibt es viele andere mögliche und schreckliche emotionale Folgereaktionen wie Zerstörung des Selbstwertgefühls, Probleme mit Intimität, extreme Sexualisierung bis hin zur »Sexsucht«, Unmöglichkeit zu vertrauen, zerstörerische Wut und Aggression, Autoaggression (»Ritzen«), Borderline-Syndrom, Unsicherheit über die eigene sexuelle Identität, Konzentrationsschwäche, Depression, Essstörungen, krankhafter Perfektionismus, ungezügelte Impulsivität und Machtbesessenheit. Aber es gibt Auswege. Jede Wunde kann geheilt werden. Im Umgang mit Scham und Schuldgefühlen können folgende Punkte hilfreich sein:

1. **Erlaube dir zu lernen, dass du für deine Scham nicht verantwortlich bist**

Machen Sie sich klar, dass Ihre Scham zu einer Zeit entstand, in der Sie klein und Ihre Eltern groß waren. Ihr Gefühl, unbedeutend zu sein, sich schämen zu müssen, entstand, lange bevor Sie eine Wahl hatten. Sie waren dem hilflos ausgeliefert und angewiesen auf das Wohlwollen der Menschen, denen Sie natürlicherweise vertrauten: Ihren Eltern. Scham war Ihre natürliche Reaktion auf die Last der Erwartungen, die Ihre Familie Ihnen auferlegte. Weil Ihre Eltern meinten, Scham brächte Sie dazu, sich so zu verhalten, wie sie es wünschten, brachten sie Ihnen das bei. Das hat nichts mit Ihnen oder Ihrem Verhalten zu tun, sondern mit dem Ihrer Eltern. Die Folge war aber nicht nur, dass Sie sich so benahmen, wie es Ihren Eltern gefiel, sondern dass Sie sich schlecht und schmutzig fühlten, besonders dann, wenn Sie es nicht schafften, die Erwartungen Ihrer Eltern zu erfüllen, weil diese unrealistisch waren. Weil Sie aber noch ein Kind waren, hatten Sie keine Chance, das zu verstehen. Sie hatten keine Möglichkeit zu vergleichen, sondern kannten nur die Fehler, die man Ihnen vorwarf. Und Sie hielten das für richtig und normal, was Ihre Eltern Ihnen als richtig und normal beibrachten. Dass Eltern lügen, auch böse sein und verdrängen können, konnten Sie nicht wissen. Sie haben rein gar nichts falsch gemacht.

2. Schau dir deine Scham an, akzeptiere sie und nimm sie als Teil von dir an

Wir sind, wer wir geworden sind. Alles, was wir erlebt haben, haben wir mit all unseren Sinnen, mit Körper, Geist und Seele erfahren. Auch Ihre Scham gehört zu Ihnen. Lernen Sie, sich ihr zu nähern, sie zu entdecken und zu betrachten. Es ist in Ordnung, dass Sie sich schämen. Es ist »normal« und kein Grund, wegzusehen. Es geht hier »nur« um schmerzhafte Erinnerungen, nicht um Dämonen. Wenn Sie sich mit diesen Erinnerungen beschäftigen, kann Ihnen klar werden, welchen Sinn Ihre ganz eigene Schamerfahrung hat. Überlebt haben Sie sie schon, sie liegt bereits hinter Ihnen. Ihre Scham hat Sie beim Erleben nicht umgebracht, dann wird Sie die Erinnerung erst recht nicht umbringen. Im Gegenteil, es wird Sie lebendig werden lassen, denn jetzt sind Sie erwachsen. Sie haben körperliche und geistige Kräfte, die es Ihnen ermöglichen, falsche Botschaften zu entlarven und gegen Unrecht, das Ihnen geschieht, anzugehen. Es gibt keinen Grund, sich für Scham zu schämen. Die ganze Welt ist voller Menschen, die sich schämen, aber den Mut noch nicht aufbringen, endlich offen und verletzbar zu sein. Sie warten nur darauf, sich mit ihrer Scham jemandem anvertrauen zu können. Fangen Sie damit an, sprechen Sie über die Dinge, für die Sie sich schämen!

3. Ersetze Scham durch erwachsene Schuld

Schuld hat einen schlechten Ruf, vor allem, wenn sie nur zu Selbstvorwürfen führt und unreif bleibt. Erwachsene Schuld dagegen lässt uns erkennen, was für uns wichtig, notwendig und akzeptabel ist und was nicht – sie kann uns darauf aufmerksam machen, Dinge anders, besser anzugehen. Vielleicht ersetzen wir das in Ungnade gefallene Wort »Schuld« einfach durch das Gefühl, dass ich hinter meinen Möglichkeiten zurückbleibe. Ein Beispiel: Eine Klientin hatte auf der Arbeit ständig das Gefühl, nicht zu genügen – dafür schämte sie sich zutiefst. Wann immer ihr Chef sauer war oder Kritik übte, fühlte sie sich an ihre Wertlosigkeit erinnert. So hielt sie den Kopf unten und versuchte, nicht aufzufallen. Dann realisierte sie, dass sie einen Anteil hatte an der Situation. Sie hatte »Schuld« an ihrem Gefühl, nicht genügen zu können. Also begann sie, Zeit und Energie in ein Aufbaustudium zu investieren, machte Fort- und Weiterbildungen und setzte sich zum Ziel, innerhalb des nächsten Jahres eine Beförderung zu erreichen. Und das gelang ihr auch. Ganz erwachsen hat sie Verantwortung für sich übernommen.

4. Suche dir neue Eltern

Nicht jeder hatte das Glück, wohltuende Eltern zu haben. Eine Aufgabe des Heilungsprozesses ist es dann, sich von den Eltern zu lösen. Aber alle Menschen brauchen das, was eigentlich Eltern geben sollten: eine Heimat, Liebe, Toleranz, Verständnis, Vertrauen et cetera. Der Erfolg Ihres Heilungsprozesses wird maßgeblich davon abhängen, ob es Ihnen gelingt, sich mit Menschen zu umgeben, die Sie liebenswert finden, die Sie unterstützen, Ihnen beistehen, die Sie bestätigen in der Art, wie Sie Ihr Leben führen, die Ihnen vermitteln, auf Ihrer Seite zu stehen, selbst wenn sie Ihr Verhalten nicht in Ordnung finden oder gar kritisieren – und denen Sie dasselbe auf angemessene Art und Weise zurückgeben können, weil Sie sich gegenseitig wertschätzen.

5. Erkenne: Du bist nicht allein

Ein männliches Opfer sexuellen Missbrauchs berichtete uns Folgendes: »Das Gefühl, nicht dazuzugehören, nirgends hineinzupassen, war eng verbunden mit dem Gefühl der Scham, das ich empfand. Meine Scham gab mir das Gefühl, unnormal zu sein, fehlerhaft. Und dafür schämte ich mich wieder. Es war ein schrecklicher Teufelskreis. Der Ausweg daraus war für mich die Erkenntnis, dass ich in all dem, was ich in Bezug auf meinen Missbrauch empfinde, in all der Verwirrung und dem Schmerz, nicht allein bin, dass es jedem so geht, der Ähnliches erfahren hat wie ich. Ich bin nicht abnormal. Ich bin, im Gegenteil, normal. Abnormal war, was mir passierte. Diese Einsicht hat es mir ermöglicht, das Thema anzusprechen, das mich so sehr verwundet hat. Ich konnte meine Wunde mehr und mehr ansehen, sie reinigen und pflegen. Und indem ich die Wunde meines sexuellen Missbrauchs anzuschauen lernte, konnte ich sehen, dass es eine Verbindung gibt zu all den anderen Wunden meines Lebens. Und ich verstand, dass sie geheilt werden können. Die Wunden im Leben sind der Zugang zur Seele.«

Das ist ein wunderbarer Schlusssatz zum Thema Missbrauch und Scham. Wir bedanken uns für den Mut dieses ganz besonderen Mannes. Denken Sie daran, er könnte Ihr Nachbar sein. Oder Ihr Chef, Ihr Ehemann, Freund, Vater, Lehrer …

▷ Die Familie als Team

Die heutige Idealvorstellung unserer Gesellschaft von einem harmonischen Familienleben basiert auf einem Zusammenspiel der einzelnen Mitglieder als Team. Was aber sind die Voraussetzungen, um als erfolgreiche Gemeinschaft miteinander zu leben und auszukommen? Oder anders gefragt: Was ist häufig ein Grund dafür, dass die Kernfamilien scheitern und von Teamarbeit nichts zu erkennen ist? Wesentliche Erfolgsfaktoren sind die Verarbeitung und der Umgang mit Emotionen. Verschiedene emotionale Kompetenzen gilt es in das Miteinander zu integrieren:

- **Einfühlungsvermögen (Empathie):** Die Fähigkeit, sich in Kinder oder Erziehende hineinzuversetzen und Gefühle nachvollziehen zu können.
- **Achtung (Respekt):** Das Vermögen, die Gefühle und damit verbundene Erwartungen der anderen Familienmitglieder zu akzeptieren.
- **Selbstoffenbarung:** Die Fähigkeit, ohne Hemmungen über die eigenen und ehrlichen Empfindungen zu reden.
- **Unterstützung:** Der Wille, in vertretbarem Maße den mit Emotionen verbundenen Bedürfnissen der anderen nachzukommen.
- **Autonomie (Selbstsuffizienz):** Die Fähigkeit, die eigenen Gefühle zu steuern und zu kompensieren, um sich selbst zu helfen.

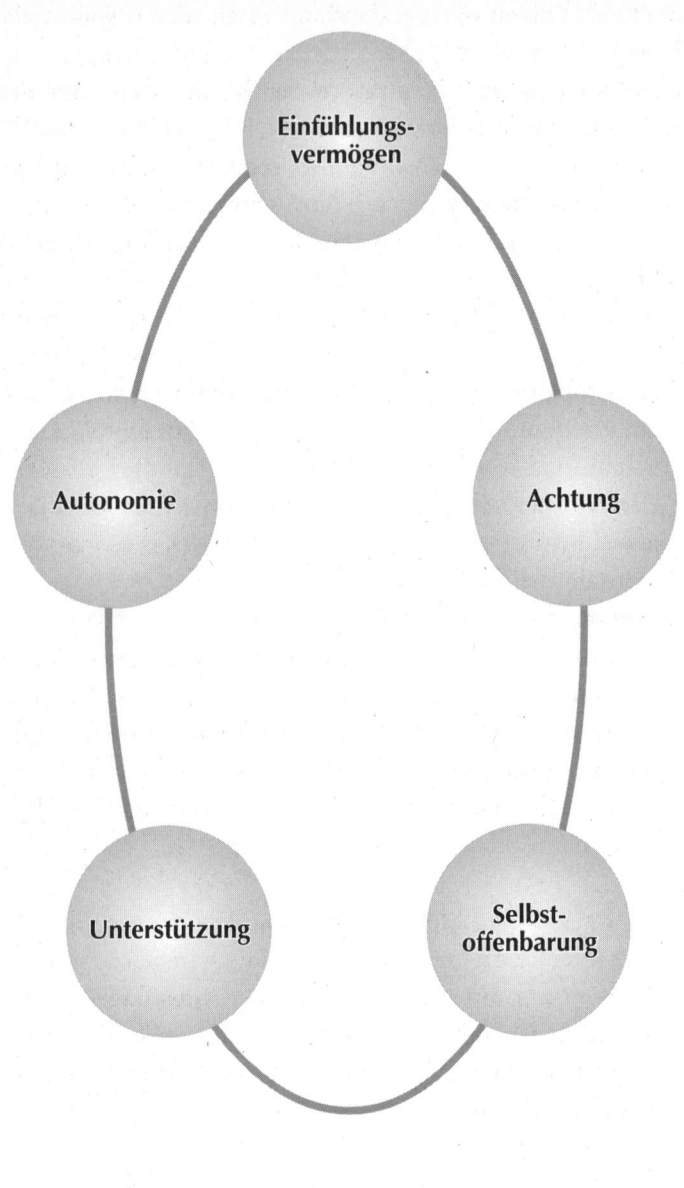

Gerade bei Heranwachsenden hat es sich stets bewährt, als Erziehender zu signalisieren, dass man Gefühle, Äußerungen und kommunizierte Bedürfnisse der Kinder ernst nimmt. Man schafft dadurch mehr Vertrauen und verstärkt die wechselseitige Bindung. »Ernst nehmen« bedeutet in diesem Fall zuerst einmal die erkennbare Wahrnehmung der Bedürfnisse – auch wenn ihre Erfüllung unrealistisch oder ungewünscht ist. Es ist auch wichtig, Verständnis zu zeigen für die Sehnsüchte, die dahinterstecken, um dann im dritten Schritt zu bewerten und zu entscheiden, was erfüllt werden muss oder erfüllt werden kann, was nicht erfüllbar ist und was nicht erfüllt werden soll. Der vierte Schritt ist dann das Handeln, und das umfasst Erklärung und Tat (begründetes Verbot, erklärte Erlaubnis, Hilfe, Abnahme oder Erteilung von Verantwortung et cetera). Ganz einfach eigentlich. Eigentlich …

Wir haben ja schon von der Familie als System gesprochen. Betrachten wir die Familie jetzt als Team, erschließen sich weitere Aspekte, die wesentliche Erfolgsgaranten sind, denn außer der klassischen Verbindung zwischen Mutter, Vater und Kind (Kernfamilie) gibt es noch andere wichtige Beziehungen, die das Familienleben beeinflussen.

Diese sogenannten **Untersysteme** sind Beziehungsgeflechte zwischen den einzelnen Herkunftsfamilien der Erziehenden (die eben auch ihrerseits wieder Kinder ihrer Eltern sind), zwischen Erziehenden und Kind, zwischen Geschwistern und zwischen den Erziehenden selber. Es ergibt sich ein komplexes Beziehungsgeflecht:

Sie finden, das hier sieht schon verworren aus? Dabei haben wir einige Verbindungspfeile und Personen (Onkel, Tanten, Cousins …) weggelassen. Die Beziehungsrealität, in der Sie leben, ist noch um einiges vielschichtiger!

Beeinflusst wird man als Kind also nicht nur von den Eltern, sondern auch indirekt von den einzelnen Herkunftsfamilien, von Oma und Opa, Onkel und Tante – je nachdem, wer in dieser vorhergehenden Generation maßgeblichen Prägungseinfluss auf den jeweiligen Elternteil hatte. Ein wichtiger Erfolgsfaktor innerhalb des Familiensystems ist gegeben, wenn Eltern auch nach der Familiengründung ein intaktes Paarleben miteinander führen und sich nicht ausschließlich von der Elternrolle einnehmen lassen. Glückliche Partnerschaft und gute Elternschaft sollten einander bedingen. Schöpfen die Erziehenden aus ihrem Zusammenleben Glück und Kraft, können sie genug dieser positiven Energie an die Kinder weitergeben und somit erheblichen Einfluss auf ihre Entwicklung nehmen; dass Kinder hingegen Sicherheit für die Beziehung bedeuten oder eine Liebe stabilisieren, ist Unfug. Das Gegenteil ist meist der Fall, wenn nicht ohnehin schon eine tragfähige und stabile Beziehung zwischen den Partnern besteht. Paare, die meinen, ihre Beziehung durch ein Kind retten zu können, stellen bald schon fest, dass das gewünschte Szenario nicht eintritt, sich Konflikte aber mehren und meistens eskalieren. Das kann zwar auch hilfreich und klärend sein, aber dann sind leider Dritte betroffen: die gemeinsamen Kinder.

Entscheidend für das Zusammenleben in einer Familie sind die **Persönlichkeitsmerkmale der einzelnen Familien-**

mitglieder. Charaktereigenschaften der Eltern oder Erziehenden bestimmen in signifikantem Maße, wie sich Kinder entwickeln. Charisma, depressive Ansätze oder emotionale Stärke prägen nicht nur die Beziehung eines Paares oder die von Eltern und Kind, sondern definieren auch die Entwicklung des Kindes mit. Persönlichkeitsmerkmale und Beziehungsmuster werden sehr **oft generationenübergreifend weitergegeben,** vor allem, wenn sie besonders auffällig sind. Beispiele dafür kennen wir unzählige: ein bestimmtes Konfliktverhalten (»Bloß kein Streit!«) oder die Bereitschaft, Risiken einzugehen (»no risk, no fun«) oder ein bestimmtes Essverhalten. Ist Ihnen schon einmal aufgefallen, dass übergewichtige Eltern nicht selten auch übergewichtige Kinder haben? Die Aussage »Das liegt bei uns in den Genen« scheint uns zu kurz gegriffen. Viel eher würde stimmen: »Das liegt bei uns in der Familie.« Das Essverhalten (zu fett, zu kalorienreich, zu viele Kohlehydrate, vitamin- und ballaststoffarm et cetera) ist ebenso in der Familientradition eingebettet wie das Bewegungsverhalten (»Sport ist Mord«). Wir imitieren leider unsere Eltern auch dann, wenn sie schlechte Vorbilder sind, aber natürlich auch ganz selbstverständlich im positiven Fall. Das ist die gute Nachricht der Familiensystemik.

Sie sehen, man wächst nie und nimmer unbeeinflusst auf. Nicht nur Erziehende prägen uns, auch der weitere Familienkreis ist von Bedeutung.

Vorbilder

Auch wenn Prägung innerhalb der Familie ebenfalls durch Geschwister, Großeltern und andere Zugehörige mitbestimmt wird, möchten wir im Zusammenhang mit der Kernfamilie doch noch bei den Eltern oder den Erziehenden bleiben und auf einen vorher erwähnten Punkt zurückkommen, den wir nun ein wenig genauer beleuchten möchten: die Eltern als Vorbilder. Wir möchten Ihnen zeigen, dass jedes Kind, das Eltern oder Erziehende hatte, diese in vielen Lebensbereichen auch später noch als Vorbilder heranzieht. Also auch Sie! Dazu eine kleine Denksportaufgabe:

Betrachten Sie sich selber und nennen Sie spontan Charaktereigenschaften, die Sie an sich schätzen, und schreiben Sie diese auf – zum Beispiel: freundlich, offen, exakt, überlegt, charismatisch, begeisterungsfähig, mutig et cetera:

1 _____

2 _____

3 _____

4 _____

5 _____

6 _____

7 _____

8 _____

9 _____

10 _____

Nun denken Sie an die Personen, die Sie erzogen haben, und überlegen sich ebenfalls spontan Charaktermerkmale, die typisch für diese Menschen sind – positive und negative.

1 _____

2 _____

3 _____

4 _____

5 _____

6 _____

7 _____

8 _____

9 _____

10 _____

Nun vergleichen Sie Ihre Charaktermerkmale mit denen Ihrer Erziehenden und überlegen sich dazu Folgendes:

1. Welche Eigenschaften stimmen überein und welche nicht?
2. Was haben Sie übernommen?
3. Was würden Sie gerne übernehmen?
4. Wogegen haben Sie sich gewehrt?
5. Was würden Sie niemals übernehmen wollen?

Natürlich wurden Sie auch von anderen Menschen beeinflusst, doch aus dieser Übung geht hervor, dass der Anteil der elterlichen Prägung sehr hoch ist und man seine Eltern oder Erziehenden zum Vorbild hat.

Sollten Sie eine hohe Übereinstimmung der beiden Listen feststellen (zwischen sechs und zehn gleiche Eigenschaften), bedeutet das: Ihre Eltern haben Sie positiv geprägt, denn Sie identifizieren sich in hohem Maß mit ihnen. Es heißt nicht, dass Sie »wie Ihre Eltern« sind, sondern, dass Sie keine Probleme haben, sich mit Ihren Eltern zu assoziieren. Bei hoher Unterschiedlichkeit (null bis drei Übereinstimmungen) werden Ihre Eltern Sie eher negativ geprägt haben, also so, dass Sie am liebsten »ganz anders« wären als Ihre Eltern. Sie möchten sich mit Ihren Erziehenden eher nicht identifizieren.

Ein Beispiel: Wenn Sie sich als großzügigen Menschen sehen, kann es zum einen daran liegen, dass ein oder beide Elternteile auch großzügig waren und Sie entsprechend erzogen wurden; dann sprechen wir von einem positiven Vorbild. Oder Ihre Eltern mussten stets sparen beziehungsweise waren regelrechte »Knauser« oder geizig, dann ziehen Sie sie quasi als Negativvorbild heran, getreu dem Motto »So wollte ich nie werden«, und gehen in die entgegengesetzte Richtung. In jedem Fall kann Ihnen diese Übung helfen, Mustern auf die Spur zu kommen und sich selbst einerseits in der Verbindung zu Ihren Eltern zu sehen, andererseits Ihr eigenes Bild von sich zu überprüfen, denn alles, was Sie ablehnen – also das, was nicht mit Ihrer Liste übereinstimmt –, gehört doch immer auch zu Ihnen; sogar, wenn Sie es bekämpfen. Sich selbst mit allen Facetten anzunehmen ist ein notwendiger Schritt auf dem Weg des eigenen Wachstums.

Elterliche Krisen

Und nun ans Eingemachte. Erinnern wir uns an die angespannte und eisige Stimmung zwischen Mama und Papa, unter der wir Kinder manchmal zu leiden hatten, an die durchstrittenen Nächte, die verweinten Augen der Mutter, die sich mit einem Migräneanfall herausredete, und an die Überstunden, die Papa ständig machen musste. Wir sind bei den Ereignissen angelangt, die Millionen von Kindern miterlebt haben: den elterlichen Krisen.

»Als ich ein Kind war, hatte ich immer Angst vor der Dunkelheit. Ich weiß nicht genau, woran das lag, und kann in diesem Punkt nur mutmaßen. Vielleicht zu viel heimlich Fernsehen geschaut, zu viel Action und Blut oder einfach nur die blühende Phantasie eines Kindes oder die Kombination aus beidem. Meine Eltern hatten die Auflage, nachdem sie mich ins Bett brachten, meine Zimmertür immer einen

Spalt offen und auf dem Flur das Licht brennen zu lassen, damit ich das Gefühl hatte, nicht ausgeschlossen zu sein vom Rest des Hauses und nicht eingeschlossen in den bedrohlichen zehn Quadratmetern meines dunklen Reiches, das tagsüber so bunt und lebensbejahend erschien mit all meinen Plüschtieren, meiner Carrerabahn und meinem übergroßen Snoopy-Poster an der Wand über meinem Bett. Nachts kam mir das alles bedrohlich vor. Das Playmobilschiff, das Stoffkrokodil und meine E.T.-Puppe – sie alle schienen nachts auf mich zuschleichen zu wollen, so kam es mir zumindest vor. Und besonders E.T. wurde abends von mir mit einer Wolldecke getarnt, damit sich unsere Blicke nicht trafen. All dies änderte sich, als ich neun Jahre alt wurde. Bis dato wirkten die Stimmen des Fernsehers, die vom Wohnzimmer in den ersten Stock durch meine offene Zimmertür in meinen Schlafbereich gelangten, beruhigend auf mich, nahmen mir die Angst vorm Einschlafen. Zusammen mit dem Gemurmel meiner Eltern, die ab und an scherzten, lachten oder deren Schritte ich vernahm, als sie in die Küche gingen, um sich noch etwas zu trinken zu holen, war dies mein persönlicher Garant für süße Träume. Gut, ich muss noch hinzufügen, dass ich, bis ich neun war, auch noch mehrmals in der Woche mitten in der Nacht in das Bett meiner Eltern kroch und deren Schutz und Geborgenheit in der ›Besucherritze‹ suchte. Mit neun war das vorbei, und nicht nur das – auch die Illusion wurde zerstört, dass meine Eltern Übermenschen sind, denen nichts und niemand etwas anhaben kann. In diesem Fall war es ein Jemand, eine Frau, in die sich mein Vater verliebte oder vielleicht auch nur verknallte. Darüber kann ich nur spekulieren. Es sollte sich alles ändern. Plötzlich erschien das harmonische Leben in unserem abendlichen Wohnzimmer nicht mehr vorhanden. Stattdessen saß meine Mutter immer öfter allein vor dem Fernseher, telefonierte mit flüsternder und tränenerstickter Stimme – wahrscheinlich mit einer ihrer Freundinnen, weil sie sich nicht mehr zu helfen wusste und in der Gewissheit, dass mein Vater gerade bei der anderen war. All dies entging mir nicht, im Gegenteil, ich lag oben in meinem Bett und fühlte mich ohnmächtig. Was konnte ein kleiner Junge da schon tun? Ihr ein Bild zu malen oder ein Lied auf der Blockflöte vorzuspielen erschien mir bereits zu dieser Zeit zu blöd. Was sollte das schon bringen? Und genauso unangenehm wurde es für mich, meine Eltern in dieser schweren Zeit mit meinen Problemen zu belasten, mit den lächerlich klein wirkenden Bürden eines Drittklässlers. Also fasste ich mir eines Nachts ein Herz und ging die Treppe zum Wohnzimmer runter, in der Hoffnung, meine Mutter zu trösten, ihr Liebe und das Gefühl von Verbundenheit geben zu können und gemeinsam mit ihr zu überlegen, was man tun kann, damit sie nicht mehr so traurig ist. Und als ich sie da sah, in der Ecke der Couch kauernd, mit verheulten Augen und einer Flasche Rotwein auf dem Tisch, war das wie ein Schock. Willkommen im wahren Leben, dachte ich mir damals. So hast du deine Eltern noch nie gesehen. Als Kind war man daran gewöhnt zu weinen. Man heulte wegen Kleinigkeiten und rannte nach Hause, um den obligatorischen Trostspender zu suchen, Mama oder Papa, die das schon wieder richten würden und dich in kürzester Zeit wieder zum Lachen brächten.

Doch dieses Mal war es umgekehrt. Und das passte nicht in mein Bild vom Leben, zumindest damals noch nicht. Zum ersten Mal nahm ich meine Mutter in den Arm und nicht sie mich. Zum ersten Mal wurde mir klar, dass Eltern auch Kinder sind und – genauso sensibel und verletzlich wie wir – aus dem Bauch heraus handeln, manchmal falsche Entscheidungen treffen und voreilige Schlüsse ziehen, ganz menschlich eben.

Zum ersten Mal entwickelte ich eine unbändige Wut auf meinen Vater. Nicht, weil er mir wieder einmal verbot, mit den älteren Kindern der Straße ins Kino zu gehen oder seinen Walkman zu benutzen. Ich war wütend auf ihn, weil er meiner Mutter wehtat. Und das schien mir damals unverzeihlich. Dass man sich als Mensch jederzeit in einen anderen Menschen verknallen kann, auch wenn man verheiratet ist, das war mir damals nicht bewusst.

Heute sehe ich die Dinge gelassener, habe es in meiner Ehe selber erlebt, und da waren wir in der Lage, diese Situation zu meistern und gemeinsam zu überstehen. So wie meine Eltern damals. Und ich bin ihnen heute dankbar dafür, dass sie diese Krise vor uns Kindern nicht unter den fürsorglichen Teppich gekehrt hatten. Kinder fühlen sich nicht ernst genommen, wenn Eltern so tun, als wäre nichts geschehen, denn die Antennen sind weit ausgefahren, und jede Missstimmung wird registriert. Seit dieser Zeit bin ich allzeit besorgt um meine Mutter. Sie ist eine starke Frau, stärker als ich, stärker als jeder andere meiner Verwandten. Sie hat aus dieser Krise Kraft geschöpft und ist nach wie vor der familiäre Fels in der Brandung. Aber die Angst, ihr könne etwas zustoßen, hat sich mir trotz allem eingeprägt.

Noch etwas hatte sich schlagartig geändert, als ich neun war. Meine Zimmertür war von diesem Zeitpunkt an stets geschlossen, wenn ich ins Bett ging, denn die Dämonen waren plötzlich nicht mehr in meinen eigenen vier Wänden.«

Das Schöne an dieser wahren Geschichte ist, dass es bei dieser Ehekrise noch ein »Happy End« gab und sich die Eltern nicht scheiden ließen, doch in Millionen anderer Fälle ist Trennung das Resultat. Wie verkraften Kinder solche einschneidenden Ereignisse? In vielen Fällen nehmen Heranwachsende solche »Katastrophen« mit in ihr späteres Leben und haben das Erlebte auch als Erwachsene noch nicht verarbeitet. Auf welche Weise prägen uns diese problematischen Situationen? Wenn die Liebe zwischen Mutter und Vater tausend kleine Tode stirbt, dann stirbt auch etwas in ihren Kindern. Die Unbeschwertheit verabschiedet sich und mit ihr die Gewissheit, dass nichts und niemand den Familienverbund erschüttern kann; mit einem Mal wird man ein Stück erwachsener, wird mit Problemen konfrontiert, die einer Katastrophe gleichen. Die heile Welt ist dahin. So wie es war, wird es nie mehr sein. Aber es kann wieder besser werden.

Wenn Mutter und Vater und das damit verbundene Glück nicht mehr zum Vorbild gereichen, wen soll man sich dann suchen?
Soll ein Kind nur noch *einen* Elternteil lieben und von ihm lernen? Oder muss es sich gar entscheiden, wen von beiden es mehr liebt, jetzt, da die Einheit Mama–Papa nicht mehr existiert?
Womöglich gibt es so etwas wie glückliche Ehen nur in Filmen, denn wenn es die eigenen Eltern schon nicht geschafft haben, wie soll man dann selbst jemals mit einem anderen Menschen glücklich werden?

Für Kinder wirft eine Trennung der Eltern so viele unvorhergesehene Fragen und Probleme auf, dass man sich schwertut, als Erziehender die »richtige« Methode zu finden, um das eigene Kind möglichst unbeschadet durch eine Scheidungsphase zu manövrieren, zumal die Eltern selber möglicherweise eine emotionale Hölle durchleben. Es ist eine Zerreißprobe für jedes einzelne Familienmitglied.

Was viele Kinder in dieser Zeit prägt, ist die Schuldfrage: »Kann ich etwas dafür, dass Mami und Papi sich getrennt haben? Bin ich vielleicht sogar der Grund? Wenn ja, was habe ich falsch gemacht?«

Fast jede dritte Ehe in Deutschland wird geschieden, und durchschnittlich jedes siebte Kind ist ein Scheidungskind – das heißt, es gibt zwei Millionen Kinder, die eine Scheidung der Eltern erleben. Langjährige Studien haben ergeben, dass es vorwiegend Kinder im Alter von vier bis zwölf Jahren sind, die besonders unter einer Trennung leiden, da sie in dieser Phase auf beide Elternteile angewiesen sind, um sich optimal zu entwickeln. Jüngere im Alter bis drei sind in der Regel noch sehr stark an die Mutter beziehungsweise an die wichtigste Bezugsperson gebunden und brauchen in erster Linie deren Nähe. Ältere Kinder, die bereits in der Pubertät sind, werden von Scheidungen ganz anders beeindruckt; wenn sie bereits ihre eigenen Ansichten bilden konnten und Standpunkte manifestiert haben, wird ihr Weltbild durch die Trennung der Eltern nicht mehr so heftig erschüttert werden (siehe Kapitel 1, Erikson).

Die Auswirkungen auf die persönliche Entwicklung eines Scheidungskindes können immens sein. Zahlreiche Untersuchungen verschiedener therapeutischer Institutionen in den letzten 20 Jahren kommen zu dem Ergebnis, dass es diesen Menschen verstärkt an Selbstbewusstsein und positiver Lebenseinstellung fehlt.[9] Sie stellen eine starke Beeinträchtigung der physischen und psychischen Stabilität fest. Das soll natürlich nicht heißen, dass Kinder aus geschiedenen Ehen »nicht mehr alle Tassen im Schrank« haben. Aber dennoch gibt es Studien, die belegen, dass erwachsene Kinder aus geschiedenen Familien im Vergleich zu Menschen aus »intakten« Familien mehr Probleme mit sich selbst haben, eher zu Depressionen neigen und mit ihrem Leben nicht so gut zurechtkommen. Das zieht sich hin bis zu einer statistisch belegten schlechteren Berufsausbildung (vergleichsweise oft schlechtere Abschlüsse und weniger Karrierechancen).[10] Es ist aber vor allem das zwischenmenschliche Gefüge, das durch mögliche Scheidungstraumata in der Kindheit häufig negativ geprägt wird. Scheidungskinder haben in der Trennungsphase der Eltern das Vertrauen in den Schutz der Familie verloren. Viele schrecken später vor einer ernsthaften Bindung zurück, haben Sorge, wie die eigenen Eltern enttäuscht und verletzt zu werden oder selbst andere zu enttäuschen und zu verletzen; ganz zu schweigen von der Angst sich zu binden, die eine erneute schmerzhafte Trennung von vorneherein ausschließt. Diese Zweifel an einem Leben zu zweit sind leider auch nicht unbegründet: Die Scheidungsrate bei Erwachsenen, die aus geschiedenen Familien kommen, liegt im Vergleich zu Erwachsenen aus nicht getrennten Familien Studien zufolge um bis zu 80 Prozent höher.[11] Liegt es daran, dass diese Scheidungskinder nicht die Kraft haben, um ihre eigene Beziehung zu kämpfen? Lernen sie aus der Trennung ihrer Eltern, dass Beziehungen grundsätzlich nicht haltbar sind? Werfen sie, sobald sich Probleme auftun und sie an die kaputte Ehe der Eltern erinnert werden, in der eigenen Partnerschaft das Handtuch? All dies können mögliche Ursachen sein. Vielleicht konnten diese Menschen in ihren Kernfamilien selbst nie beobachten, dass man aus Krisen eine neue (gemeinsame) Kraft schöpfen kann, diese emotionalen Tiefs überstehen und meistern und dadurch noch verbündeter den Widrigkeiten des Lebens entgegentreten kann. Vielleicht bringen diese Menschen nicht mehr den Mut auf, an einer Beziehung oder an einer Ehe zu arbeiten, weil sie denken, die Mühe lohne sich doch nicht. Dem sei entgegenzusetzen, dass sich die eigene familiäre Geschichte nicht zwangsläufig wiederholen muss (siehe Resilienzforschung) und man aus schwierigen, negativ empfundenen Erfahrungen auch Nutzen ziehen kann. Ein eigener Weg muss nicht zu den Fehlern der Eltern führen, und Verhaltensweisen und Partnerschaftscharakteristika müssen nicht zwangsläufig nachgeahmt werden, sonst wäre jede Psychotherapie verschwendete Zeit, und wir könnten im Grunde nichts ändern. Aber die Erfahrung zeigt: Bewusste Aufarbeitung ist möglich und kann zur Heilung führen. Wir müssen nicht Opfer unserer Geschichte sein. Verstehen Sie uns nicht falsch: Wir plädieren nicht dafür, dass jede Ehe unbedingt am Leben erhalten werden sollte. Und die »guten alten Zeiten«, in denen eine Scheidung als nicht gesellschaftsfähig galt, eine Ehe oft einfach »ausgehalten« werden musste, sind Gott sei Dank vorüber. Es ist oftmals sinnvoller, sich zu trennen, wenn die Liebe erloschen ist, als den Schein zu wahren, nur um der »Normalität« zu entsprechen, denn auch das kann Kinder und uns selbst schädigen. Aber wenn eine persönliche Entwicklung in der Partnerschaft noch möglich ist, sollte man alles dafür tun, um wieder zueinanderzufinden; das haben wir ebenfalls an anderer Stelle bereits beschrieben.[12] Eine glückliche Bindung zu einem anderen Menschen kann jeder haben, wenn die Bedingungen für beide stimmen. Sollten Sie ein Trennungskind sein, das unter dieser Erfahrung gelitten hat, können Sie herausfinden, was Ihnen vielleicht heute noch fehlt. Die Fehler der Eltern können Sie nicht nur vermeiden, sondern stattdessen eigene Wege gehen. Sie können mit Ihren Eltern Frieden schließen und dabei Ihr eigenes Ich besser kennenlernen und entwickeln. Und Sie dürfen sich von den »Dämonen« lösen, die Sie vielleicht schon lange begleiten. Zu denen gehört unter Umständen auch die Vorstellung, man trüge Schuld am Scheitern der Eltern.

Warum wird man zum Staatsanwalt gegen sich selbst, und warum ist man nicht eher sein eigener Verteidiger, der sich, das Scheidungskind, von der Last befreit, der Mörder der elterlichen Liebe zu sein?
Die Antwort ist ganz einfach: Wir empfinden es als ganz »normal«, und die meisten von uns haben gelernt, dass wir für Ereignisse, die im eigenen Umfeld passieren, Verantwortung tragen, vor allem innerhalb der eigenen Kernfamilie: bei Bruder, Schwester, Mutter und Vater. Wenn wir uns als Erwachsene so verhalten, ist das ja auch oft wünschenswert und im Umgang mit Kindern unumgänglich. Kinder aber können und dürfen nicht die Verantwortung für die Eltern übernehmen, die schließlich erwachsen sind. Wenn die Eltern sich trennen, liegt es an ihrem Unvermögen, den gemeinsamen Weg fortzusetzen – und nicht an den Kindern. Diesen Punkt sollte man seinen Töchtern und Söhnen im Falle einer eigenen Scheidung stets vor Augen führen, um den Nachwuchs von dieser falschen Schuld freizusprechen.

Übung

Für diese Übung bleiben wir bei den elterlichen Krisen. Hier bitten wir Sie, zu reflektieren. Erinnern Sie sich an eine Problematik, die sich bei Ihnen zu Hause abspielte – zwischen Ihren Eltern, oder, wenn Sie nur von *einem* Erziehenden aufgezogen wurden, von einer besonders unangenehmen Zeit, die mit dieser Person zu tun hatte und unter der Sie litten.

Schreiben Sie zunächst in kurzen Worten den Inhalt dieser Krise auf und schildern Sie, was für Sie das Unangenehme an dieser Sache war. Im Anschluss daran überlegen Sie in Ruhe, welche Stärke Sie für sich aus dieser turbulenten Zeit gewonnen haben könnten und was Sie dadurch gelernt haben, denn selbst aus den traumatischsten Erlebnissen kann man einen gewissen Nutzen ziehen.

Inhalt der elterlichen Krise	Ich musste dabei unter Folgendem leiden	Das habe ich daraus gelernt

Keine Angst. Sie müssen diese Übung nicht machen, wenn Ihnen die Zeit dazu fehlt oder es Ihnen unangenehm ist. Jedoch sind wir überzeugt, dass es heilsam ist, sich auf diese Weise Geschehnisse aus der Kindheit »zurückzuholen«, die man unter Umständen bereits vergessen oder verdrängt hatte. Es kann spannend sein, zu beobachten, wie unterschiedlich man solche einschneidenden Erlebnisse mit ein paar Jahren Abstand und ein wenig mehr Objektivität beurteilt. Es kann helfen, nun als Erwachsener den Dingen aus dem Blickwinkel der eigenen Eltern nahezukommen und so vielleicht ein bisschen besser zu verstehen, warum die eigene Mutter oder der eigene Vater bestimmte Handlungen vornahmen oder Entscheidungen trafen. Sollten Sie sich an keine Krisen erinnern können, bedeutet das entweder, dass Sie eine traumhafte Kindheit hatten, die Krisen vor Ihnen verborgen wurden oder Sie sie verdrängt haben. In jedem Fall ist es wert, sich damit zu beschäftigen. Entweder, um sich in Dankbarkeit zu erinnern, eventuell sogar ein lange fälliges Danke auszusprechen, oder, um sich Erlebnissen zu nähern, die man damals als bedrohlich empfunden hat, um sie zu bewältigen (siehe Salutogenese).

Kapitel 3

▷ Auch Eltern sind nur Menschen

Eltern oder Erziehende sind nicht nur Menschen, sondern ebenfalls Kinder – von Eltern, die wiederum versuchten, ihr Bestes zu tun, um ihre Kinder in einem für sie positiven Sinne zu erziehen. Doch die Ansichten, was gut für die Entwicklung eines Kindes ist, sind immer subjektiv und relativ. (»Die eine oder andere Ohrfeige hat mir auch nicht geschadet.«) Keiner kann aus seiner Haut und wird geneigt sein, auf die Weise zu verfahren, die ihn oder sie selbst geprägt hat.

▷ Tabus

Sehr deutlich zeigt sich dies anhand der Art, wie man mit pikanten Dingen umgeht, mit Bereichen, von denen die meisten Eltern hoffen, sie erledigten sich von ganz allein – mit Tabus. Seltsam, ein so kleines und harmloses Wort wie »Tabu« umfasst eine ungeheure Anzahl »dunkler Täler« und »Abgründe«, dabei hat es doch nur vier Buchstaben, wobei zwei davon sogar noch sanfte Vokale sind. Tabu (tapu) kommt aus dem Tongaischen, also aus Polynesien, und heißt wörtlich übersetzt »unverletzlich«. Welche bedrohlichen Aspekte können sich aus Familiensicht hinter einem Begriff verstecken, der aus der paradiesischen Südsee stammt?

Wie beeinflusst der elterliche Umgang mit Tabus die Entwicklung des Kindes?

Wir skizzieren im Folgenden zwei Arten, wie mit Tabus in Familien aus unseren Breiten umgegangen wird – mit Hilfe zweier völlig frei erfundener Familien. Da haben wir zum einen die Hubers: gutbürgerlich, christlich und konservativ. Herr und Frau Huber haben zwei Kinder im Teenageralter. Herr Huber bekleidet eine solide Führungsposition in einem mitteldeutschen Unternehmen. Frau Huber ist Hausfrau. Die zweite Familie besteht aus Anke, Paul, Tizian und Tabea. Die Familie hat auch einen Nachnamen, jedoch halten sie nicht viel von Formalitäten und gehen, wenn es möglich ist, immer direkt zum Du über. Anke und Paul sind die Eltern von Tizian und Tabea, die, wie die Huber-Kinder, im Teenageralter sind. Tabea und Tizian besuchen beide den Ethikunterricht in der Schule, Anke und Paul sind beide berufstätig und haben erst vor drei Jahren geheiratet. Es war der letzte Wunsch von Pauls Mutter, die leider zu früh verstarb. Anhand der beiden Familien, den Hubers und den »Progressiven vieren ohne Nachnamen«, werden wir drei klassische Tabubeispiele erläutern und Szenarien durchspielen: **Pubertät, Sexualität** und »**Abnormes**« (hören Sie auch das bedrohliche Echo beim Aussprechen des letzten Wortes? Schließlich hallt es ja aus dem dunklen Tabukeller zu Ihnen hoch …).

Noch eine kleine Warnung, bevor wir beginnen: Im Folgenden werden schamlos die Klischees bedient, daher: Lesen Sie unsere Tabuabhandlung mit einer Portion Humor. Wir hoffen, dass in der Extremschilderung die Kontraste deutlicher werden und Sie sich in der einen oder anderen Beschreibung wiedererkennen können; sich selbst oder Ihre Eltern.

Beginnen wir mit der Pubertät, einer der schwierigsten Phasen im Leben für die Pubertierenden und all die, die ihnen ausgeliefert sind. Selbstzweifel verbinden sich mit Scham und noch mehr Scham und der Ankunft im »Libido-Land«. Die Hormone tanzen Samba. All das ist Pubertät; die Metamorphose, die Phase der Verpuppung bis hin zum Erwachsenen.

Bei den Hubers lief das so ab: Zuerst kam die Tochter in die Pubertät. Als sie das erste Mal ihre Periode bekam, war sie bereits darauf vorbereitet – aus dem Schulunterricht und von ihrer besten Freundin, die das gleiche Schicksal bereits ein halbes Jahr früher ereilt hatte. Ihre Eltern hatten das körperliche Erwachsenwerden zu Hause bis dato nicht thematisiert. Als die Tochter ihre Mutter über das Einsetzen ihrer Periode informierte, sagte diese mit ernster Miene: »Na gut, dann fahren wir nachher zum Drogeriemarkt und kaufen dir Slipeinlagen und Tampons. Und denke daran: Du musst dich da unten jetzt gut waschen und alle vier Wochen kontrollieren, ob die Blutung einsetzt. Und vergiss nicht, nachher die Notenblätter für den Flötenunterricht abzuholen.«

Mit ihrem Vater sprach die Tochter gar nicht über dieses Ereignis. Ihr Bruder erwähnte es zwar, aber nur, um sie aufzuziehen, da ihre Brüste größer wurden und er das total witzig fand.

Gar nicht mehr witzig fand Huber junior es, als er selbst in die Pubertät kam und seine Mutter Sexhefte bei ihm unter dem Kopfkissen fand. Frau Huber reagierte so: »Ich habe in deinem Zimmer beim Bettenmachen Schweinkram gefunden. Ich möchte gar nicht wissen, woher du die hast, aber sollte ich noch mal so etwas bei dir finden, werde ich es deinem Vater sagen. Ich weiß, dass Jungs in deinem Alter solche Ferkeleien spannend finden, aber bitte denk daran, dass du hier nicht allein wohnst. Stell dir nur vor, was die Nachbarn denken würden, wenn die im Hausmüll solche Zeitschriften fänden. Die können doch eins und eins zusammenzählen, und dann denkt bald die ganze Straße, wir sind pervers.« Nicht auszudenken, was passiert wäre, wenn Frau Huber ihren Sohn beim Onanieren erwischt hätte. Wahrscheinlich wäre das Gäste-WC neu gekachelt worden ...

Fazit: Was unangenehm ist, darf ruhig mal unter den Teppich gekehrt werden. Es ist sehr wahrscheinlich, dass Frau und Herr Huber ähnlich prüde und verklemmt erzogen wurden. Man ist gerne der Anlaufhafen für die Kinder, solange es um »unschuldige« und »saubere« Probleme geht. Wenn Kinder älter werden und damit neugierig auf ihren und andere Körper, dann werden die Hubers dieser Welt an ihre eigenen Unzulänglichkeiten in Sachen Sexualität in ihrer Jugend und Kindheit erinnert und sind peinlich berührt – ein »Bitte sperr einfach die Tür hinter dir ab und frag mich nichts«-Gefühl.

Schauen wir uns mal »die Progressiven vier« an: Tizian und Tabea wurden im Gegensatz zu den Huber-Kindern schon früh aufgeklärt. Mama Anke und Papa Paul haben den Kindern alles erklärt, was man als Mensch wissen muss, um seinen Körper richtig kennenzulernen und Signale verstehen und aussenden zu können. Die Aufklärung fand ohne Bienen, Bären und Bambis statt. Tizian und Tabea wurde durch Gespräche mit den Eltern auch schon gleich das beklemmende Gefühl erspart, Masturbation sei etwas Verwerfliches oder Schmutziges. Eine natürliche Einstellung zum eigenen Körper zu haben wird als ein erstrebenswertes Ziel erklärt. So verwunderte es sie auch nicht, dass es ein großes Familienessen bei ihrem indischen Lieblingsrestaurant gab, als Tizian seinen ersten feuchten Traum hatte. Ähnlich erging es Tabea. Als sie zur Frau wurde, veranstaltete Anke eine große Party. Und eingeladen waren nur Frauen, Verwandte, Freundinnen und Bekannte. Das Fest stand unter dem Motto: »Geballte Frauenpower – jetzt haben wir noch eine mehr!« Tabea genoss es, an diesem Abend im Mittelpunkt zu stehen, wohingegen Tizian das alles ein bisschen peinlich war und er es sich verbat, dem befreundeten Inhaber des indischen Restaurants den wahren Anlass ihres Besuches zu erläutern.

Fazit: Ein unverkrampfter Umgang mit Pubertät und was dazugehört erleichtert den Kindern das Erwachsenwerden ungemein. Jedoch sollte man als Eltern den Kindern trotzdem mit dem gewissen Quentchen Sensibilität entgegentreten, um sie nicht zu überfordern.

Tabu – die Zweite: Wie gingen die Hubers innerhalb der Familie mit dem Thema Sex um? Die Eltern Huber genossen als Kinder beide eine strenge Erziehung. Man lebte nach christlich-konservativen Grundsätzen. Beide bekamen von ihren eigenen Eltern nie das Gefühl vermittelt, dass es angebracht sei, Zärtlichkeiten auszutauschen und weiterzugeben. Das Thema Sexualität kam überhaupt nicht zur Sprache. Gefühle wurden unterdrückt, daher fehlt ihnen auch in ihrer

Elternrolle die Sensibilität und Empathie, den Kindern eine gewisse Offenheit zu vermitteln, mit der man das Thema Sexualität angehen sollte. Einmal küssten sich Mutter und Vater Huber vor den Kindern – wir meinen damit einen Kuss, der länger als zwei Sekunden dauerte. Das war zu Weihnachten, als Frau Huber von ihrem Gatten einen Diamantring geschenkt bekam, überwältigt vor Freude ihrem Mann um den Hals fiel und die Anwesenheit ihrer Kinder vergaß. Peinlich berührt blickten die Kinder auf den Teppich, bis der furchtbare Moment vorbei war. Aber das war es dann auch schon mit dem Vorleben von Sexualität und Zärtlichkeit innerhalb der Familie. Die elterliche Schlafzimmertür war nach zehn Uhr abends stets abgeschlossen, und Mutter und Vater legten jede Nacht ihre Gewänder an, bevor sie zu Bett gingen: Sie trug ein knöchellanges Nachthemd und er einen Pyjama, der, wenn er einmal zugeknöpft war, auch nicht wieder aufgeknöpft zu werden schien. Weil sie so prüde sind, haben die Hubers auch nie erfahren, wann ihre Kinder ihre Unschuld verloren. Und das eigentlich Traurige ist: Sie haben bis heute nie danach gefragt.

Fazit: Mit einem elterlichen »Das ist eure Privatsache, das geht uns nichts an, aber es passiert nicht in diesem Haus« zieht man sich geschickt aus der Affäre, die Kinder in ihrer sexuellen Entwicklung zu unterstützen, sei es aus Prüderie oder mangelndem Interesse. Jedoch grenzt man sich damit bewusst aus und schafft einen Graben zwischen sich und seinem Kind.

Sie können sich bestimmt schon denken, wie das bei den »PVs« ablief: Anke und Paul wurden gänzlich verschieden erzogen. Während Anke eine liberale Erziehung genoss und schon sehr früh viele Freiheiten hatte, erging es Paul ähnlich wie den Huber-Eltern. Er wuchs in einem ultrakonservativen Elternhaus auf, war als Kind in einem katholischen Jungeninternat und musste aus eigenem Antrieb seine Antworten auf Fragen zum Thema Körper, Sexualität und liberale Erziehung finden; zu Hause bekam er sie jedenfalls nicht. Daher hatte sich Paul schon in Jugendzeiten geschworen, sein eigenes Familienleben völlig anders zu gestalten und seinen Kindern eine ganz entgegengesetzte Erziehung zuteilwerden zu lassen (Abgrenzung zum negativ empfundenen Vorbild). Und er hat es in seiner eigenen Familie geschafft; Anke und Paul lagen sich abends oft in den Armen, wenn sie mit ihren Kindern vor dem Fernseher saßen. Sie küssten sich, hielten Händchen und ließen zärtliche Gefühle vor den Kindern zu – ohne dabei Tochter und Sohn zu kompromittieren, denn miteinander geschlafen haben sie zwar nicht nur im Schlafzimmer, sondern auch an anderen, exotischeren Plätzen, jedoch stets wissend, nicht von den Kindern dabei erwischt zu werden. Auch Nacktheit wurde zugelassen in dieser Familie. Paul schlief im Sommer auch gerne mal unbekleidet, wenn die Nächte zu heiß waren, und Anke warf sich, wenn sie aus der Dusche stieg, auch nicht gleich etwas über, sondern ging auch ab und an nackt ins Schlafzimmer, um sich dort anzuziehen. Eines Tages kam Tabea zu ihrer Mutter und erzählte ihr, dass sie mit ihrem Freund, mit dem sie ja schließlich eine »halbe Ewigkeit« zusammen sei (vier Monate), schlafen möchte. Tabea war damals fünfzehn. Ihre Mutter fragte, ob sie sich denn schon reif genug dafür fühle und ob er der Richtige für das erste Mal sei, denn schließlich sollte es ja etwas Besonderes sein; und am schönsten wäre es eben nun mal mit jemandem, den man liebe. Als Tabea ihr darauf entgegnete, dass sie sich wirklich sicher sei, ging Anke mit ihrer Tochter zum Frauenarzt und ließ Tabea die Pille verschreiben. Ihr Freund benutzte brav Kondome, und immerhin hielt ihre Beziehung über ein Jahr – das sind Lichtjahre im Leben eines Teenagers. Bei Tizian war es ähnlich. Er machte davor zwar nicht so ein »Theater« wie seine Schwester, aber hielt mit seiner Entwicklung auch nicht vorm Berg. Warum auch? Für diese Kinder bedeutete Sexualität nie Schmutz, Scheu und Scham. Sie bekamen von ihren Eltern genau das Gegenteil vermittelt. Sex ist ein wichtiger Teil des Lebens, Teil des Körpers, und ja, Sex spielt sich auch im Geiste ab.

Fazit: Weniger Pyjamazwänge und mehr offene Gespräche, denn wenn Kinder Infos, Feedback und Unterstützung zum Thema Sex nicht zu Hause bekommen, holen sie sich dies woanders, und die Eltern verpassen einen wesentlichen Teil der Entwicklung ihrer Kinder.

Gibt es eine Wechselbeziehung (Korrelation) zwischen konservativer Erziehung und Tabuisierung? Gut, das zu behaupten wäre wahrscheinlich ein wenig übertrieben, aber tendieren Familien, die unverrückbare Meinungen zu politischen und sozialen Themen vertreten, nicht doch dazu, ihnen unangenehm erscheinende Bereiche auszuklammern? Betrachten wir hierzu doch mal die »abnormen« Dinge des Lebens. Damit meinen wir Lebensweisen, Ereignisse und soziale Entwicklungen, die manchen Menschen sauer aufstoßen, Personen und Dinge, die gesellschaftlich eher einen Randplatz haben – Menschen mit Behinderungen oder Homosexuelle zum Beispiel. Wenn Sie jetzt den Kopf schütteln ob so viel

Ignoranz und Respektlosigkeit diesen sozialen Gruppen gegenüber: Unsere Ausführungen sind sarkastisch gemeint, und diese Reaktion ist durchaus erwünscht. Wir möchten nicht provozieren, sondern stattdessen aufzeigen, was traurigerweise immer noch viel zu viele Menschen als »abnorm« empfinden. Wir widmen uns in unserem Fallbeispiel aber nur einer Randgruppe, den Homosexuellen. Wie denken die Hubers und die »Progressiven vier« über gleichgeschlechtlich Liebende?

Hans, der Bruder von Herrn Huber, ist homosexuell – ein Mann von Mitte sechzig, der mittlerweile in Rente ist und den Huber-Kindern stets ein familiäres Vorbild war. Onkel Hans war immer großzügig, was Geschenke und außerplanmäßiges Spontantaschengeld betraf, stets gut gekleidet, sehr gepflegt und immer lustig. Aber Hans war nie verheiratet, und über seine angeblichen Freundinnen sprach er selten. Frau und Herr Huber wussten, dass Hans »vom anderen Ufer« ist, aber ihren Kindern erzählten sie nie davon. Da es schließlich auch sonst keiner wissen durfte – Hans' Eltern haben es nie erfahren und die meisten seiner Kollegen und Bekannten auch nicht –, sahen Herr und Frau Huber auch keine Veranlassung, ihre Kinder einzuweihen. Aber Kinder sind nicht dumm, sie spüren oft, wenn die Eltern ihnen etwas verheimlichen wollen. Und so drangsalierten die Huber-Kinder ihre Eltern mit Fragen, aber sie erhielten immer nur die eine Antwort: »Onkel Hans ist Junggeselle aus Überzeugung.« Als die Kinder ins Jugendalter kamen, erfuhren sie die Wahrheit dann von einer Cousine, die ein wenig älter war und der Hans sich anvertraut hatte, und die Huber-Kids konnten die jahrelange Geheimniskrämerei überhaupt nicht nachvollziehen. Schließlich wussten sie mittlerweile, dass der Bürgermeister unserer Hauptstadt und zwei ihrer Lehrer auch schwul sind. Von ihren Eltern waren sie enttäuscht, denn sie fühlten sich wieder einmal für nicht voll genommen und ausgeschlossen aus dem familiären Verbund. Letztendlich waren es nämlich die Eltern selber, die ein Problem mit Homosexuellen hatten. Da in ihrem Bekanntenkreis zumindest keine offen lebenden Schwulen oder Lesben sind, die sich zu erkennen gegeben haben, kennen die Huber-Eltern außer Hans Huber Homosexuelle nur aus dem Fernsehen.

Fazit: Man macht das Leben der eigenen Kinder nicht leichter, wenn man das vermeintlich Unangenehme von ihnen fernhält und sie in einer Luftblase aufwachsen lässt.

Wie gehen die »Progressiven vier« mit solchen Gegebenheiten um? Als Anke und Paul ihre Kinder aufklärten, waren Lesben und Schwule ein Bestandteil dieser Erklärung, die ohne Tiere, Insekten und Plüschtiere auskam. Die Eltern zeigten den Kindern, dass zwar die Mehrzahl der Bevölkerung hetero ist, aber es auch Männer gibt, die Männer lieben, und Frauen, die Frauen lieben. Vielleicht war es auch Zufall, dass zwei enge Freunde der Eltern ein Paar waren, Oli und Klaus. Als die beiden vor vier Jahren festlich ihre Verpartnerung feierten, spielten Tizian und Tabea »We are family« auf Gitarre und Blockflöte. Ein bisschen zu viel Klischee, denken Sie, aber es kam gut an, und Oli und Klaus freuten sich sehr über die Darbietung. Tabea erzählte ihrer Mutter erst Jahre später, dass sie auf einer Party mal mit einem Mädchen rumgeknutscht hatte. Anke lachte daraufhin herzhaft und betonte, dass es ganz normal sei, wenn Jugendliche mit dem gleichen Geschlecht die ersten zärtlichen Erfahrungen machten und man deswegen nicht gleich schwul oder lesbisch sei. Und wenn, wäre das schließlich auch in Ordnung.

Fazit: »Abnormes« und Verbotenes wird erst zu »Abnormem« und Verbotenem, wenn man es tabuisiert und innerhalb der Familie zu einem Geheimnis macht. Denn was im Dunkeln zu bleiben hat, kann nichts Gutes sein; erst was ans Licht kommen darf, verliert an Bedrohlichkeit.

Jetzt aber genug der Klischees. Wir danken den Hubers und den »Progressiven vieren« für ihre Darstellung, wie in verschiedenen Familien mit heiklen Themen umgegangen wird. Und natürlich sollten Sie die Dinge nicht so schwarz-weiß sehen, wie wir sie dargestellt haben, denn in uns allen stecken ein bisschen Huber und ein bisschen Progressivität. Und wir sind überzeugt, dass die Hubers auch vieles richtig gemacht haben und dass Tabea und Tizian genauso von einigen Dingen profitieren könnten, die im Huber-Haus vorgelebt wurden, und das gilt natürlich – wenn nicht noch mehr – für die Huber-Kids.

Generationenlasten

Historisch bedingt tragen Staaten Lasten mit sich: die Amerikaner den Vietnamkrieg und die Ausrottung der Indianer, die Chinesen die Annexion Tibets, die Deutschen die beiden Weltkriege und den Holocaust. Aber Tragödien und daraus resultierende Generationenlasten werden nicht nur in solch immensen Maßstäben weitergegeben, sondern auch in kleinerem Rahmen, in Familien. Betrachten wir nun wieder unsere Eltern oder Erziehenden. Wie gingen und gehen sie mit Geschehnissen um, die der Familie nach außen hin einen schlechten Ruf bescheren? Wenn Eltern ihren Kindern gegenüber Wahrheiten des eigenen Stammbaums vorenthalten oder verfremden, dann hat dies verschiedene Ursachen. Häufig handelt es sich dabei um einen falsch verstandenen Schutzimpuls. Man möchte das Kind oder die Kinder vor seelischem Unheil bewahren. Damit wird oftmals genau das Gegenteil erreicht, wenn die Heranwachsenden durch Dritte und nicht von ihren Eltern Wahrheiten erfahren, die ihnen bis dato verschwiegen wurden. Eine andere Ursache ist das Unvermögen mancher Eltern, mit Schicksalsschlägen richtig umzugehen. Wenn Eltern mit ihren Kindern über vergangene und aktuelle Tragödien in der Familie nicht reden (»Wir wollen unsere Kleinen damit nicht unnötig belasten«), liegt das meist daran, dass sie selber das größte Problem damit haben und vieles noch nicht verarbeitet wurde. Eltern erkennen oft nicht, dass nicht die Situation (zum Beispiel Selbstmord) das Problem ist, sondern ihre Ohnmacht, damit umzugehen. Da wird der Tod des Großvaters, der sich im Keller erhängte, mit »Opa hatte Leukämie« erklärt (dazu später mehr). Ähnliche Aussagen trifft man, wenn ein geliebter Verwandter an Aids stirbt. Auch hier scheint es leichter für die Hinterbliebenen zu behaupten, er oder sie habe den Kampf gegen Gefäßerkrankungen oder Krebs verloren, denn für Infarkte und Tumore könne man nichts, und um an Aids zu sterben, »muss man ja auch ein entsprechendes Privatleben geführt haben«. Gerade HIV ist leider noch zu häufig mit Scham verbunden.

Bleiben wir ein weiteres Mal bei dem Begriff Scham, der meist mit einem weiteren unschönen Wort, der sogenannten »Schande«, verknüpft ist. Der Selbstmord eines Angehörigen ist auch heute noch für viele eine solche Schande. Laut des Statistischen Bundesamtes nahmen sich 2003 in Deutschland über 11000 Menschen das Leben. Das ist über ein Prozent aller im Jahr 2003 Verstorbenen in Deutschland. Erstaunlicherweise scheiden dreimal so viele Männer freiwillig aus dem Leben wie Frauen. Für die Hinterbliebenen eines Selbstmörders beginnt damit eine erhebliche Prüfung. Zum einen muss man versuchen, den Verlust eines geliebten Menschen zu verschmerzen, zum anderen sehen sich die engsten Verwandten damit konfrontiert, die traurige Nachricht zu verbreiten. Und genau darin liegen die Problematik und der Bezug zu diesem Kapitel. In vielen Fällen erliegen die Betroffenen nämlich einer regelrechten Ohnmacht, verursacht durch Schock und Scham, und wissen einfach nicht, ob und wie sie die Umwelt mit der Wahrheit vertraut machen sollen. Dann werden schnell Geschichten abgeändert, Tragödien abgemildert und Taten glorifiziert – wie im Falle von Herrn X.

Herr X war ein treu sorgender Familienvater Ende vierzig, glücklich verheiratet und Vater von drei Kindern. Und Herr X hatte Geld unterschlagen – in seiner eigenen Firma hatte er als Finanzbuchhalter keine großen Schwierigkeiten, Konten zu frisieren und illegale Steuertricks anzuwenden, doch irgendwann bekamen Geschäftsführung und Finanzamt Wind davon, und Herr X wurde festgenommen. Nach einer vierwöchigen Untersuchungshaft wurde er mangels Fluchtgefahr bis zum eigentlichen Prozessbeginn wieder auf freien Fuß gesetzt, doch ihm drohte eine mehrjährige Gefängnisstrafe. Die Angst davor, gepaart mit der Tatsache, dass seine Frau ihm angekündigt hatte, ihn zu verlassen, da sie mit seiner Tat nicht fertig wurde, brachte bei Herrn X das Fass zum Überlaufen. Als man ihn erhängt im Speicher seines Reihenhauses fand, war er bereits seit zehn Stunden tot. Sein ältester Sohn entdeckte ihn und alarmierte daraufhin sofort die Polizei. Das Erste, was die Mutter tat, als sie nach Hause kam, war, ihren Sohn zu instruieren, seinen beiden jüngeren Geschwistern nichts davon zu erzählen. Da beide in einem Pfadfinderlager waren, hatte man Zeit, sich eine offizielle und für alle Bekannten, Kollegen und Verwandten geeignete Version des Ablebens auszudenken. Also zwang seine Mutter den ältesten Sohn, eine Lüge zu verbreiten: »Papa hatte einen Autounfall, und er war sofort tot.« Das war die offizielle Version, kurz und knapp, unpersönlich und unprätentiös. Aber es war eine Möglichkeit, die es der Mutter erträglich machte, mit dem Verlust ihres Mannes weiterzuleben. Der Tod allein war schon fast nicht zu verkraften, so dachte Frau X, aber darüber hinaus noch mit den Fragen der anderen über seinen Freitod umgehen zu müssen sei definitiv zu viel für sie. Und so gab es für den ältesten Sohn keine Chance, dieses Trauma zu verarbeiten. Nicht nur, dass er es war, der seinen Vater fand – nun konnte er auch mit niemandem darüber reden, dabei ist in solchen Fällen professionelle Hilfe durch einen Psychologen dringend notwendig. Und der Vorfall an sich, die Art, wie Herr X zu Tode kam, wurde zwischen Mutter und Sohn vorerst nicht thematisiert. Die Mutter verbat es und ließ ihren Sohn und sich selbst mit dem Schmerz und der bereits erwähnten Ohnmacht allein. Es war vor allem sie, die so fassungslos über die unerwartete

Tat ihres Mannes war, dass sie darüber nicht sprechen konnte, nicht einmal mit ihrem Sohn. Das alles änderte sich, als sie ein Jahr später einen Nervenzusammenbruch erlitt. Sie begann eine Therapie, in der sie sich ihrem Psychologen anvertraute. Er half ihr, den Schmerz und die Erschütterung über die Tat ihres Mannes zu verarbeiten. Im Laufe der Sitzungen zeigte sich, dass Frau X die Schuld für den Tod ihres Mannes auf sich nahm, da sie ihm kurz vor seinem Ableben offenbart hatte, dass sie ihn verlassen würde. Und sie erkannte, dass sie nicht der Grund war, warum ihr Mann sich erhängte, sondern er selbst es war, der sich in diese vermeintlich ausweglose Situation gebracht hatte. So wurde sie von einer Last befreit, an der sie zu zerbrechen drohte. Ihr Therapeut ermunterte sie, ihrem Sohn ebenfalls professionelle therapeutische Unterstützung zukommen zu lassen. Zwei Jahre später weihte die Mutter ihre Freunde und Verwandten über den eigentlichen Grund des Ablebens ihres Mannes ein. Ihre anderen Kinder erfuhren es ein weiteres Jahr später.

Gibt es also eine Universalregel, wie man mit Generationenlasten innerhalb der Familie umzugehen hat? Nein, denn so wie jeder Mensch ein einzigartiges Individuum ist, so gibt es auch jede Familie und ihre Struktur nur einmal. Wir können nur zu Offenheit innerhalb der Familie raten. Wir alle haben die Chance, aus einer Krisenkonfrontation zu lernen; solche Erfahrungen gehören zum Leben. Eltern oder Erziehende sollten bedenken, dass sie nicht alles von ihren Kindern abschirmen oder gar abwenden können. Nur durch die Konfrontation mit der Realität (in manchen Fällen darf sie ruhig kindgerecht dargestellt werden) kann man seine

Kinder auf spätere Krisen vorbereiten, die sie dann auch allein bewältigen müssen. Sie können so lernen, sich selbst zu helfen und zu schützen. Adoptiveltern zum Beispiel sollten ihren Kindern bereits so früh wie möglich mitteilen, dass sie nicht die leiblichen Eltern sind, denn Kinder erkennen, wenn ihnen etwas verschwiegen wird, und Verschwiegenes tut selten gut. Was im Stillen bleibt, ruft Scham hervor. Wenn adoptierte Kinder diese Offenheit spüren, fühlen sie sich schon in jungen Jahren angenommen und können ihrerseits diese neue Familie in einer von Vertrauen geprägten Atmosphäre annehmen und sich entsprechend entwickeln. Abgesehen davon ist es ein Segen, wenn sie Menschen um sich herum wissen, die mit ihnen zusammen, sozusagen kollektiv, einen solch großen Einschnitt in ihr »kleines« Leben verarbeiten.

Grenzen wir andere Familienmitglieder aus, um sie vor der Wahrheit zu schützen, machen wir uns zum Einzelkämpfer, der allein aus diesen Lebenskrisen, diesen emotionalen Untiefen wieder an die Oberfläche gelangen muss. Das fällt meist sehr schwer, und nicht selten droht man dabei sogar zu ertrinken.

Kapitel 4

▷ Das Leben in der Großfamilie

Gute Nacht, John-Boy. Gute Nacht, Elizabeth. Süße Träume, Mary-Ellen. Licht aus, Jim-Bob. Nacht, Grandma. Schlaf gut, Grandpa.« Wer kennt sie nicht, die Waltons? Obwohl viele leugneten, die amerikanische Erfolgsserie je gesehen zu haben, wussten aber erstaunlicherweise alle, dass John-Boy Schriftsteller wurde, dass die Großmutter irgendwann einen Schlaganfall erlitten hatte und die Blue Ridge Mountains zum Teil in Virginia liegen. Vielen machten die Episoden, die sich fast ausnahmslos um das Thema Familie drehten, Lust auf ein eigenes Familienglück. Andere wiederum suchten das Weite bei dem Gedanken, ein Leben lang mit Tanten, Onkels, Omas und Opas an einem Tisch sitzen zu müssen. Woran liegt das? Als Kind erkennt man noch nicht die Bandbreite an verschiedenen Einflüssen, die das Leben in einer Großfamilie auf den eigenen Charakter hat. Später jedoch, wenn man beginnt, den Dingen im Leben kritischer gegenüberzutreten, erkennt man das Spannungspotenzial innerhalb der familiären Hierarchie – denn es ist schon schwierig genug, sich auf zwei oder drei Menschen in seinem engsten Lebensraum einzustellen. Aber was tun, wenn die lieben Großeltern nebst Tante und Onkel auch noch mit am Tisch sitzen und kein Abendessen stattfinden kann, bei dem auch Platz für ein Gespräch ist, das die Bedürfnisse jedes einzelnen Familienmitglieds berücksichtigt? Wie fühlen sich Eltern und Erziehende, wenn um sie herum ständig Angehörige wuseln, die Tipps und Ratschläge zur Erziehung der eigenen Kinder geben? Wie sehr haben die angeheirateten Ehepartner unter einer solchen Familiensituation zu leiden oder eben nicht? Habe ich als Mitglied eines eingeschworenen Familienclans das große Los gezogen oder meiner freien Persönlichkeitsentfaltung den Weg aufs Schafott geebnet? Fragen über Fragen. Willkommen in der Großfamilie.

▷ Von Familienfeiern und anderen negativen Nebenwirkungen

Auch wenn das klassische Modell der Großfamilie laut Mikrozensus 2005, einer alljährlich stattfindenden Erhebung des Statistischen Bundesamtes, nur noch in rund einem Prozent aller deutschen Haushalte gelebt wird, ist es trotz allem ein Thema, das fast alle Familien angeht, denn normalerweise finden sich regelmäßig verschiedene Mitglieder zusammen und bilden, wenn auch meist nur befristet, eine Großfamilie. In solchen Situationen kommt es oftmals zu Spannungen, unterschwellig werden Vorwürfe angedeutet, in liebevollem Säuselton Schuldzuweisungen ausgesprochen oder zum Beispiel den Schwiegereltern demonstrativ die kumpelhafte Beziehung mit den eigenen Kindern vorgelebt. Das Zusammensein in der Großfamilie unterliegt einer allgegenwärtigen Dynamik. Die einzelnen Mitglieder verändern sich durch Heranwachsen (Kinder) und »Altwerden« (Eltern und Großeltern). Die Jungen entwachsen allmählich der behütungsbedürftigen Phase und werden reifer und kritischer. Da fallen einem zum ersten Mal die Macken und Eigenarten der »Alten« auf, da nimmt man Tipps und Weisheiten von Oma und Opa nicht mehr für bare Münze und stellt sich auch schon mal quer. Nicht selten fühlt man sich gerade als jüngeres Familienmitglied genötigt, sich immer wieder zu behaupten, den Ansprüchen der anderen zu genügen und deren Erwartungen gerecht zu werden, und spätestens dann besteht die Großfamilie ihre erste Bewährungsprobe. Dann kommt es darauf an, ob die einzelnen Familienmitglieder einander genügend Freiraum lassen, die unterschiedlichen Persönlichkeiten und Meinungen respektiert werden und auf die Durchsetzung der eigenen Bedürfnisse verzichtet wird. Das ist alles andere als leicht, denn es gibt ihn fast immer, den »Platzhirsch«, das selbsternannte Familienoberhaupt, das den Ton angeben möchte. Dies ergibt sich zum einen schon durch geographische Gegebenheiten, denn egal, ob es sich um das Heim einer wirklichen Großfamilie handelt, die miteinander lebt, oder nur um das Haus, in dem sich regelmäßig alle zu bestimmten Anlässen treffen: Diejenigen, die dort schon immer wohnten oder die das eigene Haus zum Ort der Zusammenkunft machen, werden sich immer ein wenig in der Führungsrolle fühlen und versuchen, das Zepter nicht aus der Hand zu geben. Das eigene Heim bietet dabei Rückendeckung und stärkt das Selbstbewusstsein. Und genau dann kommt es zum Flächenbrand, so wie an Ostern bei der Familie Jaminsky.

Es ist einer dieser typischen Ostersonntage, an denen sich alle bei den Eltern beziehungsweise Großeltern treffen, bei Karl-Heinz und Ursula Jaminsky. Die vier Kinder des Ehepaares Jaminsky erscheinen dort samt ihren eigenen Familien, den Ehepartnern und Kindern. Harmonisch bis heiter läuft das gemeinsame späte Osterfrühstück anfangs ab. Da die Enkelkinder der Jaminskys mit am Tisch sitzen, gibt es viel zu lachen mit den Kleinen, die mühsam versuchen, die bunten Ostereier zu pellen und dabei die Schalenstücke über die ganze Tafel verteilen. Als sie es nach einer halben Stunde auf den Stühlen nicht mehr aushalten und endlich die Erlaubnis bekommen, aufzustehen und in den Garten zu rennen, um die Osterüberraschungen zu suchen, wird es intimer am Tisch. Und erwachsener. Auf einmal ist die Leichtigkeit und Unbefangenheit verflogen, und es macht sich eine gewisse verbale Ohnmacht und Beklemmung breit. Unausgesprochene Dinge liegen in der Luft. Herr Jaminsky ist sauer auf einen seiner Schwiegersöhne, der seiner Meinung nach die älteste Tochter aus dem Elternhaus getrieben hat. Angeblich macht der Schwiegersohn Stimmung gegen ihn und seine Frau und hält damit die leibliche Tochter, die bald ihren 37. Geburtstag feiert, von der eigenen Familie fern. Dabei hatte der Schwiegersohn nur gesagt, dass er nicht die politischen Ansichten von Herrn Jaminsky teile und fände, dass seine Frau auch mal eigene Standpunkte entwickeln und nicht stets alles übernehmen sollte, was ihre Eltern sagen. Aber es gibt noch andere Baustellen. Der jüngste Sohn der Jaminskys, Kai, das Nesthäkchen, hat vor fünf Jahren sein Studium kurz vorm Examen an den Nagel gehängt, um für zwei Jahre als Surflehrer nach Brasilien zu gehen, von wo er mit einer eigenen kleinen Familie zurückkehrte. Seine brasilianische Frau und seine kleine Tochter leben mit ihm nun wieder in Deutschland, und er hat einen kleinen Laden für Surfartikel eröffnet, der es ihm und seiner Familie ermöglicht, mehr oder weniger gut über die Runden zu kommen.

Doch die Bescheidenheit und der vermeintlich mangelnde Ehrgeiz des eigenen Sohnes passt den Jaminskys nicht, und so bot der Vater ihm vor ein paar Monaten eine Teilhaberschaft in seinem eigenen mittelständischen Unternehmen an, auch wenn Kai sein BWL-Studium nicht abgeschlossen hat. Als Kai ihm für dieses Angebot dankte, aber ablehnte, da er mit seinem Leben momentan mehr als zufrieden sei, quittierten es die Jaminskys mit einem kurzen »Aha«. Und das war es. Seitdem wurde darüber nicht mehr gesprochen. Bis zu diesem heutigen Ostersonntag. Hören wir doch mal kurz rein.

»Du isst ja gar nichts, Kind.«

»Mama, ich hatte schon zwei Brötchen. Außerdem will ich ein bisschen mehr auf meine Linie achten.«

»Oh Gott, dabei bist du doch eh nur noch Haut und Knochen. Wer redet dir denn ein, dass du zu dick wärst? Du weißt, wie gefährlich dieser Gesundheitswahn ist.«

»Mama, ich bin 37 Jahre alt, habe einen Beruf und eine Familie. Da kommt man nicht viel zum Essen. Außerdem achte ich auch auf fettarme und vollwertige Kost. Aber mach dir keine Sorgen, es geht mir gut.«

»Ich mein ja nur, nur weil jemand zu dir sagt, du wärst zu ...«

»Das sagt aber niemand, schon gar nicht mein Mann, wenn du auf ihn anspielst. Er liebt mich so, wie ich bin.«

»Na ja, nicht so ganz, wenn ich da kurz intervenieren darf.«

»Oh nein, Papa, bitte!«

»Also uns mag er ja ganz offensichtlich nicht, damit liebt er dich eben doch nicht so ganz kompromisslos.«

»Ich wusste es, bitte reißt euch zusammen, er kommt gerade aus dem Garten wieder!«

»Ich verstehe nur nicht, warum unser Verhältnis zu unseren anderen Schwiegerkindern so blendend ist und dein Mann immer auf Konfrontationskurs gehen muss.«

»Das tut er doch gar nicht. Ihr wollt nur nicht akzeptieren, dass er in politischen und wirtschaftlichen Dingen Standpunkte vertritt, die euch widerstreben.«

»Kommunist.«

»Schluss jetzt, ich bitte euch, lasst uns diesen Tag friedlich über die Bühne kriegen.«

»Ah, Paul, na, wie war's draußen im Garten, haben die Kinder die Geschenke gefunden? Du siehst ja ganz verfroren aus. Komm, setz dich. Schatz, komm, gieß deinem Mann noch eine Tasse Kaffee ein....«

»Kai, möchte deine Frau auch noch etwas? Kaffee oder Tee?«

»Mama, frag sie doch selber, sie sitzt neben mir und spricht sehr gut deutsch.«

»Ah ja, also MÖCHTEN SIE NOCH...«

»Mama, du kannst ruhig normal mit ihr reden, du kennst sie doch schon über zwei Jahre und weißt, wie gut sie deutsch spricht.«

»Lass nur, Schatz. Ja, Frau Jaminksy, einen Tee hätte ich noch sehr gerne.«

»Ach, ist das nicht herrlich, so ein gemeinsamer Tag in der Familie? Das könnten wir viel öfter haben. Und dann würden wir auch die kleine Maria häufiger zu Gesicht bekommen.«

»Ja, das wäre schön, wenn die Kleine regelmäßiger ihre Großeltern sehen würde, aber leider wohnen wir ja nun mal in Frankfurt und Sie hier. Und das sind über 300 Kilometer Entfernung. Meine Eltern sieht sie, wenn überhaupt, nur einmal im Jahr, wenn wir zu ihnen nach Recife fliegen. Aber bitte, Frau Jaminsky, sagen Sie doch du zu mir. Das hatte ich Ihnen doch schon dreimal angeboten.«

»Na gut, aber das mit der Entfernung könnte man ja ändern.«

»Mama, bitte!«

»Na ja, wenn dein Mann nur mal zur Vernunft käme und als Geschäftsführer in unsere Firma einstiege ...«

»Ich hab's gewusst!«

»Was hast du gewusst?«, kommt es vom Vater wie aus der Pistole geschossen.

»Dass ihr meine Entscheidung, nicht in der Firma einzusteigen, persönlich nehmt.«

»Red doch keinen Unsinn!«

»Es hat sich nichts geändert, in all den Jahren. Erst hört der Junge auf zu studieren, dann geht er in die Dritte Welt und jetzt will er ein anderes Leben führen, als man es sich von ihm gewünscht hätte, und das Drama ist perfekt!«

»Hör sofort auf, Junge! So undankbar, das ist ja kaum zu fassen! Dabei haben wir deine Frau mit offenen Armen empfangen.«

»Ach ja, und muss sie deswegen nach zwei Jahren immer noch Sie zu euch sagen?«

»Den Respekt muss man sich erarbeiten, mein Junge ...«

»Oh ja, Vater, du hast ja so recht. Und meine Arbeit wird auch in den nächsten vier Leben nicht ausreichen, damit ihr mir das Quentchen Respekt entgegenbringt, das ich verdiene!«

»So, und jetzt ist Schluss! Hört sofort mit dem Gebrülle auf, die Kinder kommen wieder …«

»Na, ihr Süßen, jetzt zeigt doch mal der Oma, was der Osterhase euch gebracht hat …«

Und das »harmonisch-belanglose Frühstück« nimmt seinen Lauf. Sie finden unsere Darstellung reichlich schwarz-weiß und pessimistisch? Polarisation und die Darstellung entsprechender Extreme eignen sich nun mal hervorragend, um zum Nachdenken anzuregen. Trotz allem sind wir überzeugt, dass sich der ein oder andere in dieser Geschichte wiederfindet, als Kind oder als Elternteil. Solche Entladungen wie bei den Jaminskys kann man bei großfamiliären Angelegenheiten öfter erleben, als einem lieb ist. Woher das kommt? Gerade wenn man getrennt voneinander lebt und nicht oft die Chance hat, Dinge zu besprechen oder durch Gespräche die Vergangenheit zu verarbeiten, oder wenn man einfach nie gelernt hat, entsprechend miteinander zu reden und sich dann trifft, wird der Druck irgendwann zu groß. Kommt dann endlich eine Begegnung zustande, nimmt das Gespräch leicht einen Verlauf wie bei den Jaminskys. Der Vater verleiht seiner Enttäuschung Ausdruck, dass der Sohn nicht so will wie er. Die Mutter leidet unter der Distanz zu ihrem Enkelkind, und die Tochter hat es satt, sich die Attacken gegen ihren Ehemann anzuhören. Zudem entstehen aus einer Unsicherheit heraus auch noch überspitzte Töne, die gehässig und aggressiv erscheinen, und es kommt zum Eklat.

Ist es denn wirklich so schwer, in einem angemessenen Ton das Gespräch zu zweit zu suchen, ohne dabei andere unbeteilgte Tischgenossen zu unfreiwilligen Diskussionspartnern zu machen? Hätte man nicht einfach sagen können: »Können wir mal kurz zu zweit etwas miteinander besprechen? Ich wollte nur noch einmal nachfragen, ob du wirklich sicher bist, dass du nicht in die Firma einsteigen möchtest.« Oder: »Sag mal, wir haben das Gefühl, dass dein Mann uns nicht mag. Woran könnte das denn liegen?« Hier von Feigheit zu reden wäre wahrscheinlich zu drastisch, aber keiner aus der Familie hat den Mut, den ersten Stein zu werfen – und so verdrängt man das Unausgesprochene und konzentriert sich auf die lieben Enkel beziehungsweise die eigenen Kinder, bis man das, was man zu sagen hat, einfach nicht weiter aufschieben kann.

Denkanstoß: Überlegen Sie an dieser Stelle, ob es Themen in Ihrem eigenen familiären Umfeld gibt, deren Klärung noch ausstehen.

Was man aus dieser kleinen Unterhaltung lernt, ist im Grunde nichts Neues: Konflikte lassen sich nicht lösen, indem man versucht, sie zu ignorieren. Unter Umständen kommen diese beiden Probleme bei den Jaminskys nie wieder zur Sprache, und man ist beim nächsten Osterfrühstück aus Angst vor einem erneuten Super-GAU noch höflicher zueinander, und Ursula und Karl-Heinz nehmen diese Themen mit in ihr Grab. Aber das kann keine Lösung sein.

Wer hier im Unrecht ist oder nicht, erscheint einem vielleicht auf den ersten Blick einigermaßen klar, jedoch kann man den Kindern den gleichen Vorwurf machen. Warum haben die beiden nicht noch einmal das Gespräch mit den Eltern gesucht? Warum hat die Tochter nicht schon längst versucht, das vermeintliche Kriegsbeil zwischen Eltern und Schwiegersohn zu begraben, indem sie vermittelt? Oder warum hat der Sohn nicht noch einmal bei seinem Vater nachgehakt, ob es ihm viel bedeutet hätte, dass er sein Nachfolger wird? Haben die Beteiligten allesamt so sehr Angst, einen Streit zu beginnen oder unangenehmes Feedback zu erhalten? Wissen sie denn nicht, dass manchmal eine unangenehme Unterredung sehr gesund und klärend sein kann? Und auch die Ausrede, man würde sich schließlich nicht oft genug sehen, ist hier nicht von Bedeutung. Im Zeitalter multimedialer Kommunikationsmittel kann das Gespräch jederzeit gesucht werden, egal, ob einer der Teilnehmer in Uganda oder Gelsenkirchen sitzt. Und dank Skype und Co. kann man dem Vater sogar ins Gesicht sehen, wenn man ihn aus 10 000 Kilometer Entfernung anblafft.

Natürlich verringert sich im Vergleich zur Kernfamilienzeit, in der die Kinder noch bei ihren Eltern lebten, das Konfliktpotenzial. Doch auch wenn man bereits erwachsen ist und schon selbst eine kleine Familie hat, gibt es immer wieder Spannungsthemen innerhalb der größeren Familie, die einer verbalen Klärung bedürfen. Wie bei den Jaminskys – wir wünschen ihnen das Allerbeste und hoffen, dass sich die Probleme zwischen Eltern und Kindern bereinigen lassen.

▷ Von bunten Vögeln und anderen nützlichen Nebenwirkungen

Aber nun zu dem, was das Leben in einer Großfamilie noch mit sich bringen kann: lachende Onkels und Tanten, »durchgeknallte« Cousinen und Cousins oder ein brummiger Opa, der durch seine Starrköpfigkeit schon wieder komisch erscheint. Es gibt sie in fast jeder Familie, die »bunten Vögel«, die »Exoten«, die »schwarzen Schafe«, die auf Familienfesten für Unterhaltung und ausreichend Gesprächsstoff sorgen. Sie erscheinen nicht jedem als »verrückt« oder »durchgeknallt«; die einen Familienmitglieder ärgern sich über sie, die anderen, die seltener in den Genuss dieser Menschen kommen, finden sie einfach nur zum Brüllen komisch. Diejenigen, denen das Lachen im Halse steckenbleibt, sind meist enger mit den »Exoten« verwandt – vielleicht als Kind, Elternteil oder Partner – und so viel öfter mit den Eigenarten dieser Paradiesvögel konfrontiert. Und die Exoten selbst waren meist bereits in ihrer Jugend außergewöhnlich, sei es, dass sie die Rolle des Klassenclowns innehatten oder die des Außenseiters. Die eigene Kernfamilie, Kollegen oder Freunde sind der Eigenheiten schon längst überdrüssig, die Familienexoten aber freuen sich auf die Großfamilienfeste, bei denen sie die Verwandten, die sie dreimal im Jahr zu Gesicht bekommen, immer wieder zu ihren Fans machen. Es ist ja auch ein schönes Gefühl zu wissen, dass sich die Neffen und Nichten auf den lustigen Onkel freuen, der endlich mal wieder seine Lieblingswitze erzählen kann. Oder wenn der Urgroßvater in seinen Urenkeln nach Jahrzehnten wieder interessierte Zuhörer findet, die nicht vorgeben, mal dringend pinkeln, eine Zigarette rauchen oder telefonieren zu müssen, wenn er anfängt, Geschichten aus dem Zweiten Weltkrieg zu erzählen. Hier erkennt man eine von zahlreichen nützlichen »Nebenwirkungen« einer Großfamilie. Sie kann einem durch entgegengebrachtes Interesse und positives Feedback den Rücken stärken; das tut dem Selbstbewusstsein gut. Gerade wenn ich mir als erwachsener Mensch in meinem persönlichen Umfeld – Arbeit, eigene Familie, eigene Freunde – nicht genug Anerkennung holen kann, macht das durchaus Sinn. Man sollte sich jedoch im Klaren darüber sein, dass manche Verwandte es *zu* gut meinen – was nicht immer gut*tut*. Das lässt sich am besten durch ein Beispiel aus einer der diversen Casting-Shows im Fernsehen erklären. Sie haben sicher auch schon gesehen, wie sich ein junger Mensch vor einer Jury à la »Bohlen und Co.« bodenlos blamiert hat. Das, was uns bisweilen als komisch erscheint, ist für die Vortragenden nicht selten eine Tragödie.

Nachdem ihnen von der Jury ein schonungsloses Urteil entgegengebracht wurde, stehen sie heulend vor der Kamera und schluchzen ins Mikro: »Das ist so fies, meine Oma sagt, dass ich noch besser singe als die Yvonne Catterfeld oder Britney Spears. Und hübscher bin ich auch, sagt der Opa.«
Und jaulend begibt sich die übergewichtige Kandidatin in ihrem Minirock zum Ausgang, wo die Mama bereits mit einem Kuscheltier und einer Schachtel Pralinen zum Trost in der Hand auf sie wartet …

Ahnen Sie nun, was daran problematisch sein könnte? Genau, man verklärt leichter die Wahrheit, um einem geliebten Familienmitglied einen Gefallen zu tun, um ihm das Gefühl zu geben, gemocht zu werden, selbst wenn man ihm damit gar nicht gerecht wird.

Fazit: Leben Sie sich innerhalb Ihrer Familie ruhig aus und nehmen Sie das positive Feedback mit, aber seien Sie sich stets bewusst, das Ihnen die Verwandten nicht unbedingt objektiv gegenübertreten. Verlieren Sie also nie den Bezug zur Realität, was Ihre eigenen Fähigkeiten oder Stärken betrifft – weder positiv noch negativ. Natürlich sollte man innerhalb der Familie motivieren, aber zwischen dem Fördern von Stärken durch ein anerkennendes Schulterklopfen und unangemessener Begeisterung besteht ein großer Unterschied. Und nur weil ich jedes Jahr meine Verwandten durch meine Zaubervorstellung zum Lächeln bringe, bin ich noch lange kein David Copperfield. Auch wenn Tante Irmgard meint, ich sähe noch viel besser aus. Die eigenen Neffen, Nichten, Enkel und Enkelinnen sind oftmals eben die schönsten, klügsten, sportlichsten, witzigsten und talentiertesten Kinder der Welt. Aber durch solche Beurteilungen der eigenen Verwandten möchten sich Angehörige auch selbst aufwerten und ins Licht stellen. Oft sind Kinder in der Lage, dieses falsche Spiel zu erkennen, spielen es aber mit, weil sie sich gern in den Arm nehmen und loben lassen, sei es auch für etwas, was andere in der Klasse oder in der Nachbarschaft besser können als sie selbst. Manche Kinder jedoch verfügen (noch) nicht über eine differenziertere Sicht der Dinge und überschätzen sich. Irgendwann sieht man sie dann in Casting-Shows bei Privatsendern, wo sie einen Einblick in ihr ganz persönliches Scheitern geben – eine besondere und eher zweifelhafte Art der Unterhaltung.

Es ist sehr wichtig, Hinweise aus den eigenen Reihen ernst zu nehmen, und es macht Sinn, konstruktive Kritik an den

Menschen zu üben, die wir lieben. Auch zunächst als negativ empfundene Rückmeldungen sind wichtig für unsere persönliche Entwicklung; dazu gehört auch die Auseinandersetzung mit den eigenen Schwächen.

Die Kunst des Lebens besteht darin, sich trotz aller Kritik geliebt zu fühlen. Für einen perfekten Menschen – selbst, wenn es ihn gäbe – wäre es nichts Besonderes, ein starkes Selbstwertgefühl zu haben. Die Kunst der Erziehung besteht darin, Selbstwertgefühl trotz Unvollkommenheit zu vermitteln. Das ist die heilende Botschaft: »Du bist geliebt – so wie du bist und nicht, wie du sein sollst.« Außerdem: Ein Sprung ins kalte Wasser bleibt Ihnen durch einen bewussten Umgang mit Kritik meist erspart, wenn Sie in die Welt außerhalb Ihrer Familie zurückkehren. Oder das Wasser ist wenigstens nicht ganz so kalt – immerhin etwas.

Natürlich kann das Leben in der Großfamilie noch zahlreiche weitere Vorteile mit sich bringen, wenn sie so funktioniert, dass alle Angehörigen sich in ihr wohl fühlen: Soziale und emotionale Fähigkeiten können sich zum Beispiel entwickeln, man kann lernen, sich schon in jungen Jahren durchzusetzen, aber auch, sich wie in einer Demokratie bei Bedarf anzupassen und Kompromisse einzugehen. Nicht nur die Kernfamilie, auch die Großfamilie prägt uns und dient der eigenen Identitätsbildung. Wir schauen uns viel von unseren Angehörigen ab und nutzen sie als Negativ- und Positivvorbilder.

▷ Einzelkinder

Nachdem wir hier ausführlich vom Leben im Kreise einer großen Familie berichtet haben, möchten wir dieses Kapitel nun dem Thema Einzelkind widmen. Zur Aufklärung: Einzelkinder sind keine benachteiligten Menschen. Es gibt auch überhaupt keinen Grund, Einzelkindern mitleidig gegenüberzutreten. »Ach, der Arme, Einzelkind? Na, dann muss er ja schrecklich einsam gewesen sein …«

Nein, Einzelkinder sind keine besonderen Menschen – in keiner Hinsicht. Anders sind sie, das stimmt. Genauso wie jedes einzelne Lebewesen auf dieser Welt – Gott sei Dank! Schauen wir uns dieses »Phänomen« doch mal genauer an.

Laut sozialwissenschaftlicher Forschung sind Einzelkinder »Kinder, die mindestens sechs Jahre ohne Geschwister aufgewachsen sind«. Eine interessante Aussage, lässt sich daraus doch schließen, dass auch Erstgeborene, die lange Zeit keine »Konkurrenz« hatten, mit den gleichen Vorurteilen behaftet sein könnten wie richtige Einzelkinder: egoistisch, verwöhnt und aufmerksamkeitssüchtig. Doch in der Jugend- und Familienforschung gibt es keine erwiesenen Anhaltspunkte dafür, dass bei Einzelkindern typische Persönlichkeitsmerkmale vorhanden seien. Allerdings gibt es Unterschiede zwischen Familien mit einem Kind und solchen, in denen mehrere Kinder aufwachsen. So ist die Anzahl der sozialen Bindungen etwas geringer als bei Mehr-Kind-Familien, diese fallen in der Regel dann jedoch umso intensiver aus. Eine Erhebung des deutschen Jugendinstituts zeigt auf, dass Einzelkinder durch ihre Erziehungsberechtigten vornehmlich andere Werte vermittelt bekommen: Karriere, Verantwortungsbewusstsein und Selbstvertrauen stehen hier hoch im Kurs, im Gegensatz zu Pflichtbewusstsein, Selbständigkeit und Umgangsformen bei größeren Familien. Natürlich haben Einzelkinder gerade in jungen Jahren, bevor sie sich unabhängig vom Elternhaus ein eigenes soziales Netz aufbauen, ein verstärktes Bedürfnis nach Aufmerksamkeit. Sie haben nun mal keine Geschwister, mit denen sie sich jeden Tag auseinandersetzen können. Doch Kinderkrippen, Kindergärten, Schulen, Freunde, Verwandte und die eigenen Eltern können hier einen ebenbürtigen Ersatz darstellen und dem Kind ermöglichen, sich die gleichen sozialen und emotionalen Kompetenzen anzueignen wie Kinder aus kinderreichen Familien. Einzelkinder lernen in einem gruppenähnlichen Umfeld schnell, dass man im Leben auch teilen muss und es eine essentielle Fähigkeit ist, den Bedürfnissen anderer gerecht zu werden und diese zu respektieren. Und natürlich bietet sich die eigene Großfamilie bestens an, Einzelkindern nicht das Gefühl zu vermitteln, sie seien »allein«. Oftmals versteht man sich mit Cousins und Cousinen sogar besser als mit den eigenen Geschwistern, aber das ist eine andere Geschichte.

Interessanterweise herrscht gemäß einer Erhebung des Statistischen Bundesamtes auch in den meisten Familien mit einem Kind die Idealvorstellung einer eigenen Familie mit zwei Kindern vor. Doch gilt es als erwiesen, dass viele Eltern bewusst nur ein Kind haben möchten, um auf diese Weise die eigene persönliche Entfaltung und einen angemessenen finanziellen Spielraum zu gewährleisten und dem Kind und sich selbst ein sorgenfreieres Leben zu ermöglichen. Kinder sind in der Familien- und Lebensplanung oftmals eine »Kostenstelle« – traurig, aber wahr.

Sind Sie auch als Einzelkind aufgewachsen oder zumindest die ersten Jahre Ihrer Kindheit? Wenn das so war, überlegen Sie doch einmal, ob Sie in Ihren jungen Jahren etwas vermisst haben. Wenn ja, hat man Ihnen nicht die nötige Aufmerksamkeit entgegengebracht, die Sie verdient hätten. Aber trösten Sie sich, Sie leiden nicht unter einer »Einzelkind-Problematik« oder gar unter einem »Einzelkind-Syndrom«, denn beides gibt es nicht. Außerdem sind Sie in bester Gesellschaft: Barbara Schöneberger, Charlize Theron, Natalie Portman, Robert de Niro, Clark Gable, John Lennon, Elton John oder Jean-Paul Sartre – sie alle waren Einzelkinder. Und diese Menschen sind zu solchen Persönlichkeiten geworden, weil sie jeder für sich einzigartige Talente an den Tag leg(t)en, und nicht, weil sie – genau wie Sie – keine Geschwister hatten.

▷ Kassensturz

Wir haben beim Thema Großfamilie ganz bewusst schwarzweiß gemalt, möchten an dieser Stelle aber nun doch noch einmal versuchen, sie mit ihren Vor- und Nachteilen möglichst wertfrei darzustellen. Wie gesagt, wir versuchen es zumindest und geben dabei unser Bestmögliches.

Zuerst zu den Schattenseiten. Wer sind meist die Leidtragenden? Unserer Meinung nach sind es die »Angeheirateten«, die Schwiegertöchter und Schwiegersöhne (wir nennen sie mal so, egal ob mit oder ohne Trauschein), die im Erwachsenenalter neu und unvorbereitet in eine »Großfamilienfalle« stolpern (das bisschen Sarkasmus müssen Sie uns einfach gönnen, auch wenn wir uns um Objektivität bemühen). Sie müssen sich nicht nur an den eigenen Partner gewöhnen, mit dessen Eigenarten auskommen; hinzu kommt noch die Herausforderung, die »neuen« Verwandten kennen- und akzeptieren zu lernen. Ein großes Problem stellt in diesem Zusammenhang die Situation dar, wenn Sie Ihren Partner zum ersten Mal in seinem oder ihrem Elternhaus erleben und unter Umständen sehen, wie er oder sie in alte Muster rutscht, wie Schwiegermütter oder Schwiegerväter anfangen, Ihren Schatz zu erziehen. Und mit einem Mal verliert Ihr Partner an Souveränität. Er oder sie hat auf einmal einen patzigen und unreifen Ton und ist in seinem Wesen für Sie kaum noch zu erkennen. All dies kann passieren, wenn man in die alte Rolle schlüpft und sich in einer typischen Familienhierarchie wiederfindet: hier die Eltern, dort die unselbständigen Kinder, auch wenn die Kinder mittlerweile 32 Jahre alt und Akademiker sind. Sollten Sie als Angeheiratete(r) in diese Situation geraten, üben Sie sich in Weitsicht und sagen Sie sich, dass das schließlich eine besondere Situation ist und Sie in absehbarer Zeit wieder ein eigenes und erwachsenes Leben miteinander führen können. Anders verhält es sich, wenn Sie geographisch (zu) nah beieinanderleben. Dann sollten Sie von vornherein deutlich machen, dass Sie erwachsen sind und mit Ihrem Partner allein leben möchten. Vermeiden Sie diese Konfrontation auf keinen Fall, denn es geht um Ihre persönliche Freiheit. Diese Abgrenzung wird noch wichtiger, wenn Sie bereits eigene Kinder haben oder diese in Planung sind. Machen Sie den Großeltern (in spe) – egal, ob es sich um Schwiegereltern oder die eigenen

Eltern handelt – klar, dass Hilfe von außen willkommen ist, die Kinder aber nach den eigenen Vorstellungen und Maßstäben erzogen werden. Sonst droht Ihnen letztendlich der Verlust der eigenen Identität. Meist meinen es die eigenen oder »schwiegerlichen« Eltern mit ihren Ratschlägen gut, trotz allem sollte man sie am besten möglichst bald darauf hinweisen, dass man selber entscheiden möchte, wie das eigene Leben und die eigene Familie sich entwickeln. Dies sollte man auch dem eigenen Partner vermitteln, da er oder sie sich als Erste(r) von den eigenen Eltern abgrenzen muss. Vermeiden Sie diese Auseinandersetzung, vermitteln Sie damit Ihren Angehörigen, dass Sie es ohne Hilfe von außen nicht schaffen. Später wird es schwer, sich noch frei zu machen, um sich selbst wieder treu zu werden.

Aus einem anderen Blickwinkel gesehen bietet die Großfamilie sozial schwächeren Familienmitgliedern unter Umständen die Chance, ein Leben in Geborgenheit und Liebe zu gewährleisten. Oder sie stellt den schützenden Hafen dar, in den man immer wieder einlaufen kann, wenn man eine Auszeit braucht oder nicht mehr weiterweiß. Die Tatsache, Menschen im Hintergrund zu haben, die einen bei den eigenen Vorhaben unterstützen, ohne dabei zu manipulieren, stärkt einen bei der Verwirklichung der eigenen Träume und Ziele.

(Groß-)Familien sind wie Überbrückungskabel. Sind die Enden des Kabels mit der Batterie (mit dem eigenen Ich) richtig verbunden, kann man immer wieder darauf zurückgreifen, um sich daran aufzuladen – mit Kraft, Liebe und Energie. Verdreht man das Kabel, d. h., verwechselt man durch ein falsch verstandenes Bedürfnis zu helfen oder in versuchter Manipulation (seitens der Großfamilie) Plus- und Minuspol, dann sprühen nur Funken. Und im schlimmsten Falle wird wie bei den Jaminskys ein Feuer entfacht, aus dem ein Flächenbrand entsteht. Aber selbst dann lässt sich das Feuer noch löschen.

Kapitel 5

▷ Von Ursache und Wirkung – Die Physik der Psyche

Wir definieren im Folgenden charakterliche Extreme und versuchen, mögliche, in der Vergangenheit liegende Ursachen zu finden. Deshalb sind auch die Ursachen eher drastisch dargestellt.

Unsere Definitionen sind auch krankheitsorientiert, weil dadurch stärker polarisiert werden kann und das Muster deutlicher wird. Man hätte auch von gesunden Typenbeschreibungen ausgehen können, aber das hätte Ihnen möglicherweise weniger gebracht (und uns weniger Spaß gemacht).

Anteile von jedem Typus haben wir alle in uns, aber in den wenigsten Fällen in krankhafter Weise. Es gibt diese charakterlichen Merkmale bei jedem Geschlecht – der Einfachheit halber und um das Gleichgewicht zu wahren, variieren wir zwischen »er« und »sie«.

Die Seele ist nie eindeutig – für ein Symptom kann es unterschiedliche Ursachen oder eine Kombination aus verschiedenen Faktoren geben. Dem versuchen wir in aller gebotenen Kürze Rechnung zu tragen und wenigstens immer zwei Ursachen von Prägung anzugeben. Aber Achtung: Es geht hier nicht um Mathematik, bei der zwei und zwei immer vier ergibt. Es geht um Hinweise und Wahrscheinlichkeiten, die aber in aller Regel ausreichen, um sich selbst oder anderen auf die Spur zu kommen.

Man hat Anteile aller Typen in sich – und man braucht alle.

Und bitte: Regen Sie sich nicht auf, falls Sie unsere Typenbeschreibungen zu oberflächlich finden; das liegt in der Natur der Sache. Wir überlegen bereits, ob wir nicht unser nächstes Buch ganz diesem Thema widmen sollen. Hier aber ist der Platz leider nicht ausreichend, um noch mehr in die Tiefe zu gehen. Um sich mit Typologien mehr zu beschäftigen, geben Sie im Internet einfach mal »Typologien« ein, dann haben Sie vorerst genug Lesestoff.

Der Zwängler

Auch bekannt als:

- Unterhosenbügler
- Brötchen-über-der-Spüle-Aufschneider
- Stiftung-Warentest-Abonnent
- ARD-Ratgeber-Finanzen-Gucker
- Postkoitaler Duscher

Wie es ist

Der Zwängler hasst Unvorhergesehenes und Spontanes. Er versucht »zwanghaft«, einen durch und durch geordneten und möglichst gleich bleibenden Lebensablauf aufrechtzuerhalten. Ändern sich Gegebenheiten oder geschehen Überraschungen, verliert der Zwängler den Boden unter den Füßen. Was für andere eine positive Herausforderung ist oder eine willkommene Abwechslung, ist für ihn die Apokalypse.

Diese gilt es um jeden Preis zu verhindern. Ein anderes Wort für Apokalypse ist Chaos (griech.: Unordnung). Das Gegenmittel ist Ordnung. Und die hat der Zwängler perfektioniert.

Paul ist so einer: In seiner Wohnung hat jedes kleine Ding einen festen, unverrückbaren Platz. Und sie ist keimfrei. Man könnte vom Fußboden essen, wenn Paul nicht vor dem Auftreffen von Krümeln auf dem Boden schon den Handstaubsauger gezückt hätte. Andere unorthodoxe Dinge, spontanes Liebesspiel etwa, würden sich auf Pauls Fußboden ebenfalls nicht abspielen, denn dafür ist ja das Bett da – und zwar ausschließlich. Zwängler haben eine klare Vorstellung von dem, was richtig, und von dem, was falsch ist. Es gibt keine Graubereiche. Sie sind vornehmlich in Berufen anzutreffen, die mit Planung, Zahlen und Fakten zu tun haben. Alles andere erzeugt in ihnen ein Unwohlsein. Der klassische Beruf des Zwänglers ist Mathematiker oder Controller.

Woher es kommt

Ein Zwang ist wie ein Korsett. Er gibt Halt und vermittelt das Gefühl von Sicherheit. Nach außen hin präsentiert er Intaktes und Perfektes; dass nach innen hin vieles zerquetscht und eingeklemmt ist, sieht man nicht. Menschen, die von Zwängen bestimmt werden, sind zutiefst unsicher. Im Extremfall haben sie eine richtige Zwangsstörung, müssen zum Beispiel vor dem Verlassen ihrer Wohnung 50-mal das Licht ein- und ausschalten, um gehen (also loslassen) zu können, weil sie sonst nicht völlig sicher sind, dass das Licht auch aus ist. Erst nachdem der Zwang ausgelebt ist, stellt sich Sicherheit ein. Ein bisschen Zwängler sind wir wohl alle – oder sind

Sie noch nie nach Verlassen Ihrer Wohnung noch einmal umgedreht und haben überprüft, ob Herd, Bügeleisen oder Kaffeemaschine auch wirklich aus sind – um dann festzustellen, dass alles in Ordnung war? Aber Sicherheit hatten Sie erst beim zweiten Hingucken. Der Zwang ist also ein Sicherheitskorsett. Andere Formen von Zwang sind zum Beispiel Ordnungszwang, Waschzwang, Sammelzwang (»Messie«), der Zwang, obszöne Worte zu sagen (ähnlich dem Tourette-Syndrom) oder es zu wollen (»Zwangsgedanken«) et cetera.

Es geht bei einem Zwang immer um Sicherheitsgewinn und Minimierung von Angst; zugrunde liegt aller Wahrscheinlichkeit nach eine Vergangenheit, die von Angst und Unsicherheit geprägt war. Ein Zwang kann beispielsweise mit kindlicher Verlustangst verbunden sein, dem Buhlenmüssen um die Liebe oder Anwesenheit der Eltern, Vernachlässigung, Misshandlung und dergleichen. Alles, was Unsicherheit und Angst hervorruft, kann – muss aber nicht – einen Zwang verursachen.

Das Zwangsverhalten wird sich deshalb in Situationen verstärken, in denen Unsicherheit wächst und Angst zunimmt – also zum Beispiel in Prüfungssituationen, Konflikten, Beziehungsproblemen, Arbeitslosigkeit, Krankheit et cetera.

Der Unentschlossene

Auch bekannt als:

- Last-Minute-Bucher
- Immer-zu-spät-Kommer
- Vor-dem-Traualtar-Stehenlasser

- Speisen-Umbesteller
- Entscheidungslegastheniker
- Verantwortungsabgeber

Wie es ist

Der Unentschlossene hat ein Problem mit Beschränkung. Im Grunde will er den Kuchen essen und behalten. Er sieht die Vorzüge beider Seiten und macht es sich damit schwer, eine Entscheidung zu treffen. Der Unentschlossene will alles. Entscheiden kann man sich aber nur dann, wenn man die Option, für die man sich entscheidet, als »am besten« definiert. Wenn für jemanden aber Option A, B, C und D gleich viel Wert haben, ist eine Entscheidung fast unmöglich. Wie bei Jochen: Er ist der Schrecken aller Gastronomen, denn er schafft es, seine Bestellung auf dem Weg zur Küche vier- bis sechsmal abzuändern (»Fräulein, haben Sie meine Bestellung schon weitergegeben?«). Am Ende wird aus den Schweinemedaillons mit Blattspinat dann Seezunge mit Salzkartoffeln – aber ohne Soße. Oder doch mit Soße? Abgerundet wird das Ganze mit dem bangen Satz: »Oje, ob mir das jetzt schmeckt …«, aber mittlerweile hat sein Tischgenosse seine Bestellung (»Pizza Parma e Rucola«) ohnehin in Schweinemedaillons mit Blattspinat ändern müssen, damit Jochen probieren kann. Beim Essen ist das ja noch lustig, aber bei elementaren Dingen des Lebens hört der Spaß auf, zum Beispiel bei der Partnerwahl. Der Unentschlossene ist stets besorgt, sich durch die Festlegung auf einen Partner die Chance zu verbauen, jemand zu treffen, der noch besser zu ihm passt. So hält man sich seine Aspiranten auf Distanz, bis keiner mehr Lust auf den Unentschlossenen hat, der dann einsam und immer noch unentschlossen ins Bett geht. Oder man hat fünf Geliebte gleichzeitig, und genießt so alles, was ein einziger Partner nicht bieten könnte – so lange, bis die fünf voneinander erfahren und wutentbrannt das Weite suchen oder sich verbünden und einen Rachefeldzug gegen den Unentschlossenen antreten. Also, ihr Polygamisten aus Entscheidungsangst, nehmt euch in Acht und lernt, dass Realität und Reife auch Beschränkung und damit die Abkehr von Maßlosigkeit bedeutet. Typische Berufe von Unentschlossenen sind selten auf der Führungsebene zu finden, sondern eher in entscheidungsarmen Jobs.

Woher es kommt
Bei den Unentschlossenen kann eine Überversorgung in der Vergangenheit zugrunde liegen. Sie sind als Kinder oftmals in Familien aufgewachsen, in denen Bedürfnisse befriedigt wurden, noch bevor sie von den Betreffenden selbst wahrgenommen werden konnten. Diese Menschen haben nie gelernt, sich für etwas entscheiden beziehungsweise auf etwas verzichten zu müssen. Ihre Frustrationsgrenze ist daher extrem niedrig. Schon kleinste Frustrationen (»Seezunge ist aus«) stellen für Unentschlossene schier unüberwindbare Probleme dar.
Ein weiterer Aspekt der Unentschiedenheit ist, dass Unentschlossene damit vermeiden, Verantwortung und Konsequenzen ihrer Entscheidung annehmen zu müssen, denn damit können beziehungsweise wollen sie nicht umgehen. Wer Verantwortung für sein Handeln voll übernimmt, muss sich an gewissen Punkten im Leben eingestehen, dass die ein oder andere Entscheidung falsch oder ungünstig war. Erwachsensein bedeutet aber nicht, »keine falschen Entscheidungen zu treffen« oder »keine Fehler zu machen«, sondern

die Fehler, die man macht, in Würde annehmen zu können und daraus zu lernen. Dieser Chance berauben sich die Unentschlossenen. Abgesehen davon, dass sie ihre Umwelt unter Umständen sehr nerven …

Die Ängstliche

Auch bekannt als:
- Pfefferspray-Käuferin
- Sicherheitstüreneinbauerin
- Tresorbenutzerin
- Selbstverteidigungskurs-Besucherin
- Anti-Viren-Programm-Sammlerin
- Versicherungspolicen-Junkie

Wie es ist

Die Ängstliche fühlt sich ständig von Gefahren umgeben. Die Welt ist eine einzige Verschwörung, und sie ist das Ziel. Wenn man auf das Münchner Oktoberfest geht, erfreut man sich normalerweise an der lockeren Stimmung, den feiernden Menschen, den internationalen Touristen, den bunten Fahrgeschäften und dem leckeren Bier. Wenn Ängstliche auf das Oktoberfest gehen, finden sie eine komplett andere Welt vor. Da wimmelt es nur so von Taschendieben, gewaltbereiten Alkoholikern, mit Bakterien verseuchten Maßkrügen, lebensgefährlichen Karussells und Gauklern, die einem das Geld aus der Tasche ziehen wollen. In Beziehungen sind Ängstliche ständig damit beschäftigt, sich zu vergewissern, dass alles noch in Ordnung ist. (»Liebst du mich noch? Was ist denn los? Ist da eine andere im Spiel?«) Ängstliche sind in

der Regel sehr still, da sie es nicht wagen zu reden beziehungsweise Dinge anzusprechen, die unangenehm sind, weil sie
Angst vor den Konsequenzen haben. Vertreter dieser Spezies
werden 20 Jahre lang nicht befördert, weil sie niemandem
auffallen, oder sie werden entlassen, weil sie durch ihre Über-
vorsichtigkeit viel zu langsam arbeiten.

Woher es kommt

Angst ist erlernt, zu einem Großteil jedenfalls. Das bedeutet,
dass wir im Laufe unseres Lebens lernen, wovor wir uns zu
fürchten haben und wovor nicht. Menschen, die in einer
Umgebung aufwachsen, die entweder wirklich bedrohlich ist
oder von den Eltern so empfunden beziehungsweise dargestellt wird, werden zu ängstlichen Menschen. Das ist ganz
logisch, denn für sie ist die Welt ja bedrohlich. Am liebsten
hätten die Eltern sie in Watte gepackt, sie vor allem bewahrt,
was auch nur potenziell eine Gefahr darstellen könnte. Solche Kinder sind dadurch häufig nur schwer in der Lage, auf
Gefahren angemessen zu reagieren oder notwendige und ge-
winnbringende Risiken einzugehen. Es fällt ihnen schwer,
das Leben leichtzunehmen und unbeschwert zu genießen.
Sie trauen sich wenig zu, weil sie sich zu selten in Situationen erlebt haben, die sie durchkämpfen mussten. Sie waren
nie gezwungen, den »Drachen« zu besiegen, weil sie ihm gar
nicht ausgesetzt wurden oder gar nicht von seiner Existenz
wussten. Also konnten sie sich auch nie als »Heldin« oder
Gewinnerin über die Bedrohung erfahren. Dass man Gefahren (Konflikte, Risiken, Neues, Fremdes et cetera) meistern
und für sich erobern kann und manchmal muss, haben
Ängstliche nicht verinnerlicht.

Die Abenteurerin

Auch bekannt als:
- Bürgersteigparkerin
- Schwarzfahrerin
- Spontanverreiserin
- Bungee-Springerin
- Börsenspekulantin
- Wespennest-Aufrührerin

Wie es ist

Die Abenteurerin fordert die Gefahr heraus und sucht sie gezielt. Wenn es keine Gefahr gibt, wird die Situation so verändert, dass möglichst viel schiefgehen könnte. Wenn dann alles glattgeht, erlebt die Abenteurerin ein Gefühl des Triumphs. Und darum geht es: Abenteurerinnen sind Hochgefühl-Junkies. Normalität und zu viel Harmonie empfindet die Abenteurerin als langweilig und einengend. Risiken werden also nicht nur in Kauf genommen, sondern gezielt gesucht und, wenn nicht gegeben, kreiert.

Ulrike zum Beispiel hat sich mit ihrer Ausbildung zur Kampfpilotin nicht nur einen abenteuerlichen Beruf ausgesucht, sie visiert auch bei den kleinen Dingen des Alltags die Konfrontation mit dem Risiko an. So würde sie an einem Samstagnachmittag nie die City einer Großstadt meiden, nur weil sich neben betrunkenen Fußballfans, die später in das ansässige Stadion zum Bundesligaspiel pilgern, auch noch NPD-Anhänger zu einer Nazi-Kundgebung versammeln und man mit Ausschreitungen rechnen muss. Im Gegenteil, sie beschäftigt sich gerade mit gruppenpsychologischen Phänomenen und möchte hautnah miterleben, wie sich soziale Spannungen entladen. Mitunter schreckt sie auch nicht davor zurück, diese entsprechend zu provozieren, denn dann »geht endlich mal was ab«. Blaue Augen – auch im verbalen Sinne – nimmt sie dafür dankend in Kauf. Gerne steht sie beim Tote-Hosen-Konzert in der vierten Reihe und tanzt den Pogo, bis die Security anrückt. Abgeführt und hinausgeschmissen zu werden ist für Ulrike ein gelungener Abschluss des Abends.

Woher es kommt
Abenteurerinnen brauchen den Kick, denn ohne ihn spüren sie nur Dumpfes. Bei ihnen ist die Reizschwelle so hoch gerutscht, dass »normale« Impulse als reizlos empfunden werden. Insofern suchen sie also eigentlich nicht die Gefahr, sondern die Intensität. Nur leider gibt es selten emotional Intensiveres als Gefahrensituationen. Die Reizschwelle verschiebt sich dann nach oben, wenn in der Vergangenheit zu viele zu starke Impulse erfahren wurden. Das heißt, dass besonders negative Gefühle wie Angst, Wut und Trauer, aber auch positive Eindrücke wie Freude, Euphorie und Überraschungen früher über längere Zeit hinweg gegeben waren. Man wird also zur Abenteurerin, wenn man nichts zu verlieren hat, also emotional unterversorgt wurde oder so viele intensive Höhepunkte erlebte, dass die Intensität des normalen Lebens nicht mehr genügt.

Das Weichei

Auch bekannt als:
• Warmduscher

- Dirty-Dancing-Gucker
- Rosamunde-Pilcher-Leser
- Mateteetrinker
- Nabelschauer

Wie es ist

Das gemeine Weichei versteht alles und jeden, nur nicht sich selbst. Daher beschäftigt es sich auch von morgens bis abends mit sich und den eigenen Gefühlen. Dafür kann es aber auch einen zweiten Grund geben, nämlich, dass das Weichei sich selbst nur in der Reflexion spürt und dadurch das Gefühl hat, in der Welt zurechtzukommen. Ironischerweise sind Weicheier nach außen hin immer mit den Problemen anderer Menschen beschäftigt. Sie sind unglaublich verständnisvolle Zuhörer, besonders fürsorglich und mitfühlend. Sie ziehen oft keine Grenze zwischen dem Leid der anderen und ihrem eigenen. Sie sind Geber – nach außen hin, denn eigentlich geben sie eher, um zu erhalten. Geschenke von Weicheiern sind selten bedingungslos. Sie erwarten, dass man ihnen jeden Wunsch von den Augen abliest – wie sie es ja schließlich auch tun. Dass man nie darum gebeten hat, interessiert sie wenig. Das bisschen Einfühlungsvermögen könne man ja wohl erwarten, meinen sie, und sind dann furchtbar enttäuscht, wenn andere diesem hoch angesetzten Empathieziel nicht genügen (können oder wollen). Dann sind sie so weit, »an der Welt zu verzweifeln«, »nie mehr lieben zu wollen«, sich über die »Oberflächlichkeit der Menschen« auszulassen oder »nie wieder einer Person zu vertrauen«. Typische Arbeitsbereiche von Weicheiern sind soziale, pflegerische und therapeutische Tätigkeiten.

Woher es kommt

Weicheier hatten es nicht leicht. Sie mussten früh lernen, dass nichts umsonst ist, noch nicht einmal Liebe. Oft wuchsen sie in Elternhäusern auf, in denen zumindest ein schwacher Elternteil das Regiment führte. »Schwach« deswegen, weil Vater oder Mutter vom Kind erwarteten, dass es deren Bedürfnisse nach Liebe und Geborgenheit stillt – eine Umkehrung der Rollen, die nur schiefgehen kann. »Regiment« deshalb, weil es solche Eltern exzellent verstehen, einen immensen Druck aufzubauen (»Heute warst du richtig gemein zur Mama. Wenn du morgen wieder so bist, wird die Mama wieder krank, und das willst du doch nicht!«) und dadurch zu manipulieren. Weicheier fühlen sich als Kinder in solchen Elternhäusern oft schuldig und ständig ungenügend, weil sie die Rolle des »Elternretters« einfach nicht erfüllen können. Und weil wir alle Anpassungsexperten sind, passen auch sie sich mit der besten Methode an, die es gibt: Sie werden profillos. Die eigenen Bedürfnisse, der eigene Zorn, die eigenen Verletzungen und Ängste werden unterdrückt, um den sowieso schon so gebeutelten Eltern bloß nicht zur Last zu fallen. Und so können diese Kinder gut überleben. Leider werden sie aber dann zu Erwachsenen, die es nie gelernt haben – beziehungsweise denen es »verlehrt« wurde –, zu ihren Gefühlen, Bedürfnissen und Gedanken zu stehen (beziehungsweise sie überhaupt wahrzunehmen), besonders wenn diese negativ sind und bei anderen Gegenwehr hervorrufen könnten. Wenn Weicheier also sauer sind oder etwas wollen, von dem sie meinen, es käme nicht besonders gut an, sagen sie das Gegenteil, lassen aber deutlich spüren, was sie empfinden. Das nennt man dann »passiv-aggressives« Verhalten. Ein saures Weichei wird niemals zugeben: »Ich bin stinksauer!« Es wird immer sagen: »Nein, nein, alles okay. Ist doch voll in Ordnung, dass du nicht zu meinem Geburtstag kommst.« Und dann wird man jahrelang nichts mehr von dem Weichei hören, weil man es gewagt hat, das vom Auto angefahrene Kind ins Krankenhaus zu fahren, statt zur Geburtstagsparty des Weicheis zu gehen. Aber es gibt auch nette Weicheier. Die hat man gerne um sich, weil sie nie Umstände machen und immer die Kohlen für andere aus dem Feuer holen. Fragt man sie nach ihren Bedürfnissen (»Was willst *du* denn machen?«), haben sie keine Antwort darauf – weil sie ihre eigenen Bedürfnisse nicht spüren. Verlernt. Diese Art Weicheier sind dann häufig mit Partnern zusammen, die selbst kaum etwas schaffen und von den Weicheiern bis zum Umfallen bemuttert werden können. Ein Paradies für beide! Die Unterdrückung der eigenen Gefühle führt ironischerweise nicht dazu, dass diese verschwinden; im Gegenteil, Weicheier beschäftigen sich im Grunde nur noch mit ihren Gefühlen. Ihren gesamten Tagesablauf bewerten sie oft völlig unbewusst danach, wie andere ihre Bedürfnisse befriedigt haben. Hat ihnen jemand nicht genug Liebesbeweise entgegengebracht (also für ihre Begriffe etwa 400 pro Stunde), fühlen sie sich ungeliebt, minderwertig und depressiv. Dann verzweifeln sie an der lieblosen Welt und beginnen ihrerseits zu manipulieren. So schließt sich der Kreis.

Der Brutale

Auch bekannt als:
- Ich-sag-es-wie's-ist-Brüller
- Vor-den-Kopf-Stoßer

- Elefant im Porzellanladen
- Diplomatenschreck
- Kopfwäscher
- Konfliktbeschaffer
- Aus-dem-Herzen-Sprecher

Wie es ist

Der Brutale sitzt im Bus neben einem Mann, der einen starken Körpergeruch verströmt, dreht sich zu ihm hin und sagt: »Mann, Sie stinken wie 'ne Müllgrube! Setzen Sie sich gefälligst woanders hin!« Oder im Büro: »Ich soll schon wieder deine Suppe auslöffeln? Kannst mich mal, mach deinen Scheiß allein!« Oder wenn die Zeugen Jehovas an der Tür klingeln: »Noch einmal, und ich schmeiße euch eure beschissene Bibel hinterher!«

Brutale fallen durch ihre manchmal derbe, aber immer direkte und unverblümte Art der Kommunikation auf. Sie sind der Gegenpart der Weicheier, weil sie ganz sicher keines ihrer Bedürfnisse und auch keine negativen Gefühle unter den Teppich kehren; sie knallen sie ihrem Gegenüber lieber direkt an den Kopf. Brutale bekommen selten Magengeschwüre, sie leiden kaum an Bandscheibenvorfällen und können in aller Regel nachts gut schlafen. Sie schlucken nichts und neigen nicht zur Depression. Etwas von dem, was die Brutalen ausmacht, brauchen wir alle, aber zu viel davon könnte tödlich sein – für andere. Die Brutalen sehen sich auch gerne mal als Rächer der Unterdrückten. Wo immer Menschen ungerecht behandelt oder Randgruppen diskriminiert werden, sind Brutale meist nicht weit. Wie Löwen kämpfen sie für das, was ihnen wichtig ist – leider zumeist ohne Rücksicht auf Verluste. Brutale hinterlassen oft einen Scherbenhaufen, der so groß ist, dass man sich fragt, ob der Kampf wirklich etwas gebracht hat oder ob man ihn nicht lieber hätte vermeiden sollen. Brutale leben in erster Linie ihre Aggressionen aus, sie sind cholerisch und nicht zu überhören. Gerne schlagen sie zu – und am liebsten ins Gesicht. Sie haben ein Gespür für die wunden Punkte anderer, obwohl es ihnen eigentlich egal ist, ob sie verletzen oder nicht. Sie tun es immer wieder. Werden ihre eigenen Schwachpunkte auch nur gestreift, regen sie sich furchtbar auf; dann sollte man lieber nicht in ihrer Nähe sein.

Woher es kommt

Der Brutale teilt hauptsächlich aus. Und wer teilt üblicherweise aus? Derjenige, der das Haus zu voll hat, und so ist es auch beim Brutalen. Er will verhindern, dass das »innere Haus« aus allen Nähten bricht. Der Brutale kann es sich schlichtweg nicht leisten, alles zu schlucken, denn sonst würde er explodieren. Nun gibt es Menschen, die eher implodieren, weil sie ihren Ärger in sich hineinfressen – diejenigen, die eher zur Depression neigen. Eine Definition von Depression ist: »Nach innen (gegen sich selbst) gerichtete Aggression.« Um die Not zu lindern, könnte man die Aggression nach außen kehren, aber nicht einfach nur ins Blaue. Am besten setzt man sich dann mit dem auseinander, was man als Auslöser für die missliche Stimmung ausmacht – sei es nun eine Person oder ein widriger Sachverhalt. Das oder den Richtigen zu finden und eine Auseinandersetzung dann auch konstruktiv anzugehen, gelingt dem Brutalen höchst selten.

Wenn wir Wut empfinden, haben wir also erst einmal zwei Möglichkeiten: implodieren oder explodieren. Und wie immer liegt der goldene Weg in der Mitte, also in einer Ausgewogenheit von Implosion und Explosion, denn nur so wird innere Reinigung und konstruktive Kritik erst möglich.

Der Brutale nun hat in seiner Vergangenheit die Erfahrung gemacht, dass Beziehungen zwar einerseits sehr belastbar sind und viel aushalten können – deshalb fürchtet er nicht, sie durch seine Ausbrüche zu verlieren. Er kann sich seine Aggressionen gestatten. Andererseits waren es aber unter Umständen Beziehungen, die ein hohes Maß an Aggression brauchten, um nicht auseinanderzubrechen. Viele von uns kennen Paare, die sich Dinge an den Kopf werfen, so dass man das Gefühl bekommt, die beiden hassten sich – weit gefehlt. Streit und Anbrüllen gibt ihnen das Gefühl, lebendig zu sein; »niedrige Impulskontrolle« könnte man dies nennen. Der Brutale ist möglicherweise in einer solchen Familie aufgewachsen, dann ist er diese laute Dauerbeschallung gewohnt. Ein Kind entwickelt in einer solchen Umgebung Aggressionen. Eigentlich brüllt die Seele des Kindes: »Seid endlich still!«, »Vertragt euch!«, »Habt mich lieb!« Aber Kinder sind nicht in der Lage, dies auszudrücken. So wird ihr »inneres Haus« mit Aggression gefüllt, die sie nicht hinauszulassen vermögen. Was sie als Erwachsene dann zu geben haben, ist vor allem: Aggression. Aber es gibt – wie immer – auch mindestens eine andere Möglichkeit, wie Brutale zu ihrem Verhalten gekommen sind; das lässt sich nie eindeutig bestimmen. Wer laut ist, dem kommen Menschen nicht zu nahe. Brüllen ist eine wunderbare Methode, um sich Menschen fernzuhalten, deren Nähe man eigentlich fürchtet. Brutale können auch zutiefst sensible und verletzliche Menschen sein, die um sich schlagen, damit niemand bemerkt, wie zerbrechlich sie sind. Und woher das kommt, können

Sie dann wieder beim Weichei nachlesen. Auch hier gilt: Das eine kann so nützlich sein wie das andere.

Die Betrogene

Auch bekannt als:
- Heulsuse
- Raffnix
- Die Blauäugige
- Feinstaub-Verteilerin

Wie es ist

Die Betrogene ist ... die Betrogene, und zwar in jeder Beziehung. Sie ist das klassische Opfer. Bevor sie merkt, wo der Hase langläuft, hat sie noch schnell die Küche geputzt, das Bad desinfiziert, die Frisur gerichtet und den Garten umgegraben. Und dann stellt sie fest, dass ihr Freund ausgezogen ist. »Von jetzt auf gleich!«, »Wie aus heiterem Himmel!« Die Arme, sie hat die Warnungen nicht gehört. Die hört sie selten, die Betrogene. Dass ihr Freund seit Monaten immer später aus dem Büro kommt und ein abendliches Meeting nach dem anderen hat, ist ihr zwar aufgefallen, aber er hat ihr immer leidgetan, weil er so viel zu tun hatte – sogar am Wochenende musste er mit seinen Kollegen zum Strategiemeeting. Deshalb hat sie ihm die wenige Zeit zu Hause so angenehm wie möglich gemacht. Sie kochte Drei-Gänge-Menüs, arrangierte die Wohnung um und zeigte Verständnis dafür, dass er seit einem halben Jahr so gut wie keinen Sex mehr wollte – ist ja auch klar, nach so einem langen Arbeitstag. Und er? Er vergnügte sich mit der Marketingchefin. Opfer sind dumm, einerseits. Andererseits sind sie einfach nur naiv, was auch einen sympathischen Zug haben kann. Auf jeden Fall aber tragen auch sie die Verantwortung für Situationen, in denen sie sich unschuldig fühlen, aber Betrogene machen sich gerne etwas vor, zum Beispiel, dass sie ohnmächtig und auf den guten Willen anderer angewiesen seien. »Wenn der andere mir nichts Gutes will, kann ich nichts Gutes erleben …«, lullen sie sich selbst ein. Betrogene definieren sich durch Passivität. Dinge aktiv zu verändern, Lösungen zu entwickeln und umzusetzen, Konflikte aus eigenem Antrieb anzugehen und sich selbst auch als Aggressoren zu erleben liegt ihnen nicht. Sie sind ja die Betrogenen, denen das Leben passiert. Die Armen!

Woher es kommt

Um die Betrogenen in ihrer Naivität zu verstehen, muss man wissen, dass sie im Grunde vor ihrer eigenen Aggression zurückschrecken. Sie fürchten sich davor, wütend zu werden, auszurasten, die Kontrolle zu verlieren. Stellen Sie sich vor: Jemand behandelt Sie fies, er belügt Sie, fährt Ihnen an den Karren, macht gemeine Bemerkungen, betrügt oder bedroht Sie. Die normale Reaktion ist Wut. Je fieser die Beleidigung, desto stärker die Wut. Und je stärker die Wut, desto größer der Kontrollverlust. Nicht umsonst spricht man von »blinder Wut«. Und diesen Zustand des »kompletten Austickens« vermuten Betrogene hinter jeder kleinen Aggression, die in ihnen anwächst. Das wollen sie um jeden Preis vermeiden. Und wie ließe sich Wut besser vermeiden, als schon die Voraussetzung dafür – also eine Verletzung der eigenen Würde – gar nicht erst wahrzunehmen? Ein perfekter Trick: »Setze die rosarote Brille auf und du wirst nie enttäuscht.« Es gibt noch einen zweiten Trick: »Wenn du die Verletzung nicht mehr ignorieren kannst (also wenn der Freund schon ausgezogen ist), dann geh nicht in die Wut, sondern in die Trauer.« Und so werden Betrogene niemals laut und aggressiv, sondern immer leise und wehleidig. Ein tolles Konzept! Das ist natürlich ein Irrglaube, denn Aggression und Wut sind eben auch notwendig und nützlich, wenn man sie konstruktiv nutzt und sie somit nicht zerstörerisch werden lässt. Im Zweifelsfall ist das effektiver, als verheult auf der Couch zu liegen; aber für Betrogene ist das Empfinden von Wut allein schon gleichbedeutend mit »Draufhauen« und »Zerstören«. Dieser Zustand ist Indiz dafür, dass Betrogene in ihrer Geschichte entweder gelernt haben, dass Wut »unkontrollierte Zerstörung« bedeutet oder dass sie in Familien aufwuchsen, wo »man nicht wütend war«, weil Kontrollverlust »nicht schicklich ist«. Im ersten Fall, in dem Wut nie in ihrer konstruktiven Form, sondern immer zerstörerisch auftrat, waren es vielleicht missbrauchende Familien (zum Beispiel Drogen- oder Alkoholprobleme der Eltern, drastische Ablehnung oder Ähnliches), im zweiten Fall überkontrollierte Elternhäuser, die vielleicht ein übertriebenes Standesbewusstsein und einen hohen moralischen Kodex haben – denen also sehr daran gelegen war, Kontrolle zu bewahren und die perfekte Fassade zu zeigen. Solche Familien sind geradezu Brutstätten für das passiv-aggressive Verhalten, das die Betrogene so auszeichnet.

Die Misstrauische

Auch bekannt als:
- Die-das-Gras-wachsen-Hörende

- Spaßbremse
- Miesmacherin
- Paranoia-Tusse
- Ich-bin-doch-nicht-blöd-Überzeugte

Wie es ist

Im Gegensatz zur Betrogenen sieht die Misstrauische alles und noch viel mehr. Sie vermutet immer und überall Böses. Sie selbst würde sagen: »Ich bin total realistisch. Die Welt *ist* böse.« Und so ganz falsch liegt sie natürlich nicht. Die Welt ist auch böse. *Auch.* Die Übertreibung liegt im »immer nur« und »überall«. Und da wird es schräg. Misstrauische begegnen Unbekannten mit höchster Vorsicht und Abwehr. Fremdes und Neues ist für sie in erster Linie bedrohlich. Man kann es ihnen kaum verübeln, sie wittern die Gefahr. Da fühlt man sich als Fremder beäugt und verurteilt, so gar nicht willkommen, obwohl man nun wirklich nichts Böses im Schilde führte. Gehen Sie mal über den Marktplatz eines kleinen Ortes und begrüßen Sie jeden, der an Ihnen vorübergeht, mit einem freundlichen »Hallo!«. Sie werden wissen, was wir meinen. Dasselbe gilt übrigens auch in Großstädten. Das Fremde ist uns oftmals unheimlich. Leider sind Misstrauische nicht in der Lage, ihr Misstrauen abzulegen, sich eines Besseren belehren zu lassen beziehungsweise unvoreingenommen auf Neues – seien es Menschen oder Situationen – zuzugehen. Treten Ungereimtheiten auf (»Wo warst du gestern nach der Arbeit?«), gehen Misstrauische immer vom für sie Unangenehmsten und Schrecklichsten aus. Und manchmal nimmt das auch pathologische Züge an, nämlich im Falle einer ausgewachsenen Paranoia – wie bei Dagmar.

Sie rief in der Praxis an und bat um einen Termin zur Paartherapie. Ihr Mann wolle sie »wahrscheinlich umbringen«. Nach ein paar Fragen entfaltete sich die Geschichte: Ihr Mann habe, so Dagmar, über Wochen hinweg Schmerztabletten in kleinen Dosen, zwei pro Tag, aus ihrer Autoapotheke entwendet. Danach befragt, ob sie denn die gesammelten Tabletten irgendwo gefunden hätte, meinte sie: »Denken Sie, mein Mann ist dumm? Die hat er versteckt!« Es stellte sich auch heraus, dass sie keine Paartherapie wollte, sondern jemanden suchte, der ihrem Mann ins Gewissen redet. Wir trafen uns zu dritt. Schnell stellte sich heraus, dass sich der Mann von Dagmar am Rande des Nervenzusammenbruchs bewegte, weil er ihre Paranoia nicht mehr ertragen konnte; die »Mordgeschichte« war nur die Spitze des Eisbergs. Hatte Dagmar ihr Portemonnaie verlegt, hatte er es gestohlen. Fehlte ein Schraubenzieher in der Werkzeugschublade, war er es. Redete er mit einem Freund am Telefon, war es seine Geliebte. Nach einigen Sitzungen sah Dagmar ein, dass sie ein ernsthaftes Problem hatte, und ließ sich in die psychiatrische Klinik einweisen. Sie wird wohl lernen müssen, mit ihrer Störung zu leben, und ihr Mann unterstützt sie dabei. Aber das ist natürlich ein sehr extremer Fall. In der Regel läuft es unspektakulärer ab.

Woher es kommt

Misstrauen ist erlernt, genau wie Vertrauen. Erinnern Sie sich an die Phasen von Erikson? Es ist die erste Entwicklungsphase, in der sich entscheidet, ob sich Misstrauen entwickelt. In ihrer Vergangenheit haben Misstrauische einfach zu viel Enttäuschung erfahren. Sie haben dabei eigentlich nicht »Vertrauen verlernt«, denn sie hatten es ja nie, sondern »Misstrauen gelernt«. Misstrauen ist nicht einfach nur die Abwesenheit von Vertrauen.

Vertrauen bedeutet vielmehr, dass man – aufgrund wiederholter Erfahrung – davon ausgeht, dass eine bestimmte Ursache ein bestimmtes Ergebnis hervorbringt, das dann auch tatsächlich eintrifft.

Misstrauen bedeutet im Grunde das Gleiche, nur aus einer pessimistischen Grundhaltung heraus: Man geht – aufgrund von wiederholter Erfahrung – davon aus, dass eine bestimmte Ursache ein bestimmtes Ergebnis hervorbringt, das dann auch tatsächlich eintrifft.

Misstrauen ist »Vertrauen auf den negativen Ausgang einer Situation« – so könnte man sagen. Darauf vertrauen Misstrauische. Das ist wichtig zu wissen, denn nur so versteht man, dass dieses »negative Vertrauen« den Misstrauischen Sicherheit gibt. Wenn wieder alles gegen sie arbeitet, wissen sie: »Es ist alles in Ordnung – die Welt ist immer noch so, wie ich sie kenne.« Und das ist das Allerwichtigste: Innerer Frieden, der Beweis, dass sie über ihr Ziel hinausgeschossen sind, dass tatsächlich vielleicht jemand nur Gutes wollte, ist für Misstrauische deshalb so schwer zu ertragen, weil es ihr Weltbild massiv in Frage stellt. Aus der Sicherheit droht Unsicherheit zu werden; durch ihr Misstrauen verhindern Misstrauische also Enttäuschung und Verletzung, denn die Folge des Misstrauens ist Vorsicht, Zurückhaltung und Distanz. All das haben sie als Kinder unter Umständen häufig erfahren. Es kann sein, dass sie sehr oft verletzt wurden (seelisch und/oder körperlich) oder dass ihnen durch das Vorbild der Erziehenden vermittelt wurde, die Welt sei voller Feinde und Gefahren. Sie haben viel mit den Ängstlichen gemein.

Einem Betrug kommen Misstrauische deshalb zuvor – getreu dem Motto: »Wenn ich von vorneherein davon ausgehe, dass etwas schiefgeht, bin ich hinterher auch nicht enttäuscht.« Das ist durchaus stimmig, nur leider nehmen sich Misstrauische dadurch selbst die Möglichkeit, auch positiv überrascht zu werden und das Leben in seiner ganzen Fülle zu erfahren.

Der Selbsthasser

Auch bekannt als:
- Keuschheitsgürtelträger
- Selbstgeißelungsfanatiker
- Geschenkeannahmeverweigerer
- Sich-keinem-zumuten-Woller
- Sich-für-Nichtigkeiten-Bedanker
- Verschwindenwoller
- Dobby, die Hauselfe

Wie es ist

Der Selbsthasser findet andere toll – und zwar ausschließlich. Von sich selbst ist er ganz und gar nicht begeistert, noch nicht mal ansatzweise. Eigentlich denkt der Selbsthasser, dass bei ihm so gut wie alles im Argen ist, stinkt, kaputt ist oder wackelt. Gerne würde der Selbsthasser sich und sein Leben sofort umtauschen, wenn er nur die Nummer des entsprechenden Kundenservices fände. Und weil der Selbsthasser stinkt und wackelt, mag er sich anderen am liebsten gar nicht zumuten. Und wenn er es muss, erzeugt es bei ihm höchst unangenehme Peinlichkeitsgefühle (siehe Thema

»Scham«). Der Selbsthasser hat zwei Hauptgefühle: Wut (auf sich selbst) und Scham (anderen gegenüber). Wenn er um sich blickt, sieht er meist nur Leute, die besser, größer, intelligenter, attraktiver und beliebter sind als er. Heiner ist so jemand: Weil seine Freundin ihn kürzlich wegen seiner Leidenschaft fürs Briefmarkensammeln (Selbsthasser lieben solche Hobbys, weil sie nichts mit Menschen zu tun haben) kritisierte, hatte er das Gefühl, in ein Loch zu fallen. Die Angst, dass sie ihn verlassen würde, raubte ihm den Atem, da er doch ohnehin so gar nichts an sich hat, was eine Frau an ihn binden könnte: Er ist ein kleiner Angestellter, hat keinen mit Muskeln bepackten Sportlerkörper, fühlt sich in Gesellschaft oft fehl am Platz und geht deshalb nur selten aus. Er hält sich im Bett eher für unterdurchschnittlich – und sammelt Briefmarken. Oh Gott! Er würde ja mit sich selbst auch nicht zusammen sein wollen! Jahrelang schon hatte das Damoklesschwert über seinem Kopf gehangen: Irgendwann würde Sonja merken, was für ein Langweiler er ist, und ihn verlassen. Und jetzt war es so weit! Er hasste sich dafür! Und selbst als Sonja ihm nach einer Aussprache versicherte, dass sie ihn nicht verlassen wolle, dass sie ihn liebte und es ihr doch nur darum ging, dass er vielleicht mit ihr ein gemeinsames, aufregenderes Hobby finden könnte, hasste er sich – dann eben für seine ständige Beziehungsangst und dafür, dass er sich einfach nicht locker machen konnte. So oder so, er hasste sich. Sonja war genervt, weil sie nicht mehr wusste, wie sie die Dinge, die ihr in der Beziehung zusetzten, ansprechen sollte. Immer führte es dazu, dass Heiner sich wie ein Versager, schuldig und klein fühlte – und sie war schuld daran. Das machte sie aggressiv, und sie begann Heiner für seine Schwäche zu verachten, obwohl sie es nicht wollte. In einer

Paartherapie fanden sie Wege, Heiners Selbstwertgefühl zu stärken. Sonja lernte, sensibler zu sein und auch öfter Lob zu verteilen. Nach einem Jahr waren sie so weit, dass er manchmal Kritik auch annehmen konnte, ohne sich minderwertig zu fühlen, aber es bleibt eine Herausforderung für Heiner. Selbsthasser fühlen sich minderwertig, machen sich deshalb in einem Akt der Unterwerfung (»Sei doch bitte, bitte lieb zu mir!«) klein – und werden verachtet. In der Folge fühlen sie sich minderwertig – das ist wie ein Teufelskreis. Beruflich finden sie sich in Positionen wieder, in denen sie erniedrigt werden. Nicht, weil sie solche Jobs suchten – sie hätten auch lieber Menschen um sich, die sie wertschätzen –, sondern weil sie sich im Falle von Mobbing und Erniedrigung nicht wehren, sondern denken: »Na ja, passt ja, so ist eben mein Leben.«

Ein fataler Fehler.

Woher es kommt

Selbsthasser sind in Umgebungen aufgewachsen, die ihnen durchgängig das Gefühl vermittelten, nichts wert zu sein. Es kann sein, dass Selbsthasser ungewollte Kinder sind oder den Erwartungen ihrer Eltern nicht entsprachen, weil sie nicht so schön, intelligent oder auf den Gebieten erfolgreich waren, die ihre Eltern wichtig fanden. Es sind die Kinder, die mit einer Zwei in Deutsch nach Hause kommen, worauf der Vater verächtlich eine Augenbraue nach oben zieht und meint: »Na ja, du bist halt nicht dein Bruder.« Oder sie können mit fünfzehn Computer zerlegen und wieder zusammenbauen, hören von ihrer Mutter aber nur: »Mit deinen Noten wirst du mal in der Gosse enden.« Oder ihre Schmerzen und Sorgen werden nicht beachtet, in ihren Familien werden sie ignoriert, immer konfrontiert mit einem stillen Vorwurf. Vielleicht werden sie permanent lächerlich gemacht, ihre Talente werden als Schwächen ausgelegt, und sie müssen die Ablehnung und vielleicht sogar den Hass ihrer Eltern ertragen. Wenn Kinder von ihren Hauptbezugspersonen immer wieder die Botschaft »Du bist für mich nicht wertvoll« – ausgesprochen oder angedeutet – vermittelt bekommen, wird daraus irgendwann die Erkenntnis: »Ich bin nicht wertvoll.« Auch wenn die Intention der Eltern eine »gute« war, nämlich, durch Kritik anspornen zu wollen, kommt am Ende etwas Ungutes heraus. Damit kämpfen Selbsthasser meist ein ganzes Leben lang.

Der Übermensch

Auch bekannt als:

- Narzisst
- Egomane
- Großkopferter
- Klugscheißer
- Zu-Allem-eine-Meinung-Haber-und-auch-Verkünder
- Oberlehrer
- Eingebildeter Lackaffe

Wie es ist

Der Übermensch ist nicht wirklich einer. Selbst Nietzsche, von dem der Begriff stammt, musste feststellen, dass es zu seiner Zeit keinen einzigen gab. Aber der Übermensch meint, er sei besser als alle anderen, schlauer, erfolgreicher, reflektierter, geschickter, intuitiver, gefühlvoller und spiritueller.

Der Übermensch sitzt auf einem hohen Ross. Psychologisch ist er von allen Typen wohl am ehesten mit dem Narzissten vergleichbar, also dem Menschen, der von seiner Größe und Vollkommenheit so überzeugt ist, dass er andere verachtet, geringschätzt und sich dabei letztlich völlig isoliert.[13] Ironischerweise *zeigt* sich der Übermensch selbst und anderen gegenüber als grandios, *empfindet* sich aber als das genaue Gegenteil: nämlich klein, unwert und ungeliebt.

Wie Stefan: Er beklagte sich kürzlich per Telefon bei einem Freund, dass er sich ständig mit inkompetenten und gewöhnlichen Leuten abgeben müsse. »Die Masse ist doch dumm«, war seine Überzeugung, »Nein, ich muss mich berichtigen: Im Grunde sind so gut wie alle Menschen dumm. Und die wenigen, die es nicht sind, werden von diesen primitiven Bauern klein gehalten!«

Auslöser für diese Hasstirade war ein Mitarbeitergespräch mit seiner Vorgesetzten, die Kritik an seinem Führungsstil geäußert hatte. »Die hat ja so was von keine Ahnung, diese Kuh! Bringt selbst gar nichts zustande! Ich habe keine Ahnung, warum die diesen Job macht. Die Frau ist geballte Inkompetenz – und ich muss unter ihr leiden, nur weil sie die Macht hat. Die Macht sitzt bei den Kleingeistern! Die Schlampe ist reine Fleischverschwendung!«

So oder so ähnlich reden Übermenschen. Sie können keine Kritik an sich heranlassen, weil sie sonst aus ihrem ohnehin schon kleinen Selbstwertgefühl noch zusätzlich Luft herauslassen müssten – und dann bliebe nichts mehr übrig. Intuitiv spüren Übermenschen das, aber leider nur unbewusst – sehr zum Leidwesen ihrer Umwelt. Übermenschen fühlen sich folglich auch ständig als Opfer. Erleben sie Misserfolge, können sie es sich auf keinen Fall gestatten, sich einen Anteil am Scheitern oder gar die Verantwortung dafür einzugestehen. Ihnen wurde »übel mitgespielt«, sie sind »in einen Hinterhalt« geraten oder »Opfer der Umstände« geworden. Hauptsache Opfer. Ihre Freunde sind nur Menschen, die sie ebenfalls als Übermenschen einstufen können – aufgrund von Leistung, Äußerlichkeiten, Besitz oder Intelligenz, durch die sie sich von der »Masse« unterscheiden. »Versager« haben in ihrem Freundeskreis – und eigentlich auch in ihrer Welt – nichts zu suchen. Wenn sie Erfolg haben, liegt das nicht etwa an der Unterstützung anderer oder an Glück, sondern immer an ihrer Leistung. Dankbarkeit ist ihnen fremd, denn das, was sie an Gutem bekommen, steht ihnen erstens sowieso rechtmäßig zu (»Endlich hat mal jemand erkannt, wie gut ich bin«), und zweitens ist es grundsätzlich viel zu wenig, um ihren Wert und ihre Leistung wirklich aufzuwiegen. (»Das ist ja wohl auch das Mindeste!«) Übermenschen kann man es nicht recht machen. Man hinkt ihnen immer einen Schritt hinterher, aber: »So gehört sich das auch für die Minderbemittelten!«

Woher es kommt
Wie schon beschrieben, rührt der »Größenwahn« daher, dass sie nur über ein kleines Ego verfügen, denn Übermenschen haben selbst entschieden, sich nicht mehr von anderen (Eltern und/oder weiteres Umfeld) klein machen zu lassen, und begonnen, sich selbst einfach als groß zu verstehen – ein verzweifelter Versuch, das verkümmerte Ego aufzuwerten. Übermenschen sind oft Aufschneider und Lügner. Sie fühlen sich meist gezwungen, zu gewinnen. Entweder wurde Übermenschen nichts zugetraut oder wurden keine Erwartungen in sie gesetzt (»Das schaffst du sowieso nicht«); im schlim-

meren Falle wurden sie niedergemacht für alles, was sie taten. Das führt zu einem schwindenden Selbstwertgefühl. Es kann aber auch ganz anders gewesen sein: Übermenschen wuchsen in ihrer eigenen Familie mit einem völlig verzerrten Weltbild auf. Aus falsch verstandener Nächstenliebe und familiärem Mitleid wurde den Übermenschen bereits in frühen Jahren stets suggeriert, dass sie besser, hübscher und leistungsfähiger seien als die anderen – obwohl die Realität dem nicht entsprach. Solche Familien kompensieren eigene persönliche und strukturelle Unzulänglichkeiten, indem sie sich selbst auf ein Podest stellen, Wunderkinder kreieren und gleichzeitig das Umfeld abwerten. Wenn ich über anderen stehen will, kann ich mich entweder erhöhen oder die anderen erniedrigen, beides funktioniert. Die vermeintlichen Wunderkinder – aber auch wirkliche Wunderkinder, die die Ehrfurcht vor dem Wert der anderen nie gelernt haben – werden dann als Erwachsene zu narzisstischen Übermenschen.

Die Übermutter

Auch bekannt als:
- Glucke
- Die-Luft-zum-Atmen-Nehmerin
- Elternbeiratsvorsitzende
- Patriarchin
- Manipulative

Wie es ist
Die Übermutter (den Übervater gibt es natürlich auch) ist ein Mensch, die sich durch »grenzenlose Liebe und Aufopfe-

rungsbereitschaft« auszeichnet. Wer darauf hereinfällt, fühlt sich ständig schuldig, meint, nie genug zurückgeben zu können, und ist immer bestrebt, die »Heilige« nicht zu enttäuschen. Und das ist genau das Ziel der Übermutter. Übermuttersein sichert einem die Aufmerksamkeit der Kinder oder Freunde und soziale Anerkennung. Man ist ständiger Mittelpunkt. Dieses Spiel funktioniert bestens, solange es um Kinder geht, die Hilfe und Unterstützung brauchen. Dann stellt Helfen einen wertvollen Teil des Mutterseins (oder Vaterseins) dar. Übermütter aber erleben in dieser Phase ein ungewohntes Hochgefühl: Die Welt bewundert sie für ihren »bedingungslosen« Einsatz. Toll. Zusätzlich bindet damit die Übermutter ihre Kinder bis zum Ausgeliefertsein an sich. Das Problem beginnt, wenn Kinder selbständiger werden, eigene Standpunkte vertreten und ihren Bezugskreis erweitern. Dann sind Freunde nie »gut genug«, dann ist die Übermutter »enttäuscht« und »verletzt«, wenn anderen Menschen Zeit und Aufmerksamkeit geschenkt werden. An diesem Punkt beginnt dann die Schuldzuweisung, die die Übermutter perfektioniert. Jetzt regnet es Vorwürfe: »Die Uhr, die ich dir aus dem Urlaub mitgebracht habe, ziehst du nie an«, »Gestern war übrigens mein Namenstag«, »Du rufst mich nie an«, »Alle anderen sind dir wichtiger als ich.«

Übermütter können Kinder oder Freunde nicht loslassen, weil sie dann aus ihrer Sicht den Sinn ihres Daseins verlieren. Es geht ihnen ja in Wahrheit nicht darum, sich um andere zu kümmern, sondern dafür zu sorgen, selbst geliebt zu werden. Und wie ginge das besser, als andere durch ein Gemisch aus Geben und Schuld an sich zu binden.

Woher es kommt

Übermütter haben Liebeslücken. Sie sind als Kinder nicht genug geliebt worden. Es mag sein, dass sie später dennoch viel Liebe zu geben haben, aber das eigene Liebesbedürfnis macht ihnen einen Strich durch die Rechnung, denn die (relative) Leere ihres Liebeskontos aus vergangenen Zeiten muss um jeden Preis ausgeglichen werden. Dabei verwechseln sie Sender und Empfänger, denn Kinder brauchen Liebe und sind keine Versorger. Die Sehnsucht der Übermutter nach Liebe zielt in Richtung der eigenen Mutter, des eigenen Vaters. Die Verdrehung besteht darin, dass nun andere »Objekte« benutzt werden, um die Funktion der eigenen Eltern zu ersetzen. Ein fataler Fehler, der unendliches Leid für die Übermutter bedeutet, denn auch sie nimmt wahr, dass diese Kompensierung nicht gelingt und – nicht unähnlich dem Drogenkonsum – die Leere nur vorübergehend ausgleicht. Der einzige Ausweg ist, die Liebeslücken anzuerkennen, sich mit der eigenen Elternbeziehung auseinanderzusetzen und die eigene Stärke in sich zu entdecken, dem bedürftigen inneren Kind selbst mütterlich oder väterlich zu begegnen und nicht in anderen danach zu suchen, schon gar nicht in den eigenen Kindern. Aber das ist wahrlich nicht einfach – nicht nur für Übermütter.

Die Gefühlskalte

Auch bekannt als:
- Eisklotz
- Die Unnahbare
- Die im Geheimen Weinende (wenn überhaupt)

- Maurerin
- Pokerface

Wie es ist

Die Gefühlskalte könnte die Mutter der Übermutter sein. Gefühle zeigt sie kaum, Umarmungen liegen ihr nicht, und Lachen ist ihr unangenehm. Gefühlskalte entlassen 300 Mitarbeiter und genießen danach ihr Mittagessen in vollen Zügen. Wenn man sie fragt: »Oje, das war doch sicher auch hart für dich?«, antworten sie: »Wieso, die haben doch alle eine Abfindung bekommen.« Mitleid, Empathie oder Anteilnahme sind Luxusgüter, die sich Gefühlskalte nicht leisten. Sie sind unter Umständen gar nicht einmal unfreundlich, sondern unnahbar. Beziehungen zu Gefühlskalten sind möglich, bleiben aber – besonders für sehr emotionale Menschen – immer irgendwie unbefriedigend, man wird mit Gefühlskalten einfach nicht warm. In kühler Überlegung können sie Entscheidungen treffen, die emotional empfindsame Menschen schockieren und entsetzen und die diese aus Rücksichtnahme oder Empathie für die Leidtragenden niemals treffen könnten. Gefühlskalte haben mit negativen Konsequenzen ihrer Entscheidungen kein Problem – solange es sie nicht selbst betrifft. Dadurch gehen Gefühlskalte auch ohne Umwege an die Realisierung der eigenen Projekte und Ziele. Dass dabei rechts und links ein paar Leichen liegen, stört sie nicht. Sie steigen einfach darüber. »Das Leben ist halt ein Kampf.«

Woher es kommt

Oft sind Gefühlskalte in einer Familie aufgewachsen, in der das Zeigen und Ausleben von Gefühlen nicht stattfand.

Wichtig waren eher Leistung, Planung und Gewinn, und das können sie später im Tiefschlaf. Sätze wie »Ich hab dich lieb« oder »Schön, dass es dich gibt« werden Kinder in solchen Familien nicht hören. Später, als Erwachsene, finden sie es sehr befremdlich, wenn Partner solche Sätze sagen. Natürlich können sie noch umlernen, aber häufig – vor allem, wenn sie kein Bewusstsein für ihre Gefühlskälte entwickeln – zerbrechen Beziehungen daran. Ein weiterer Grund für Gefühlskälte kann sein, dass jemand nach einer bitteren Enttäuschung oder Verletzung die Mauern um sich so hochgezogen hat, dass andere nicht mehr hineinkommen oder auch nur hineinblicken können. Das »Pokerface« dient dann als Schutzmaske vor einem erneuten Vertrauensbruch oder einer weiteren Verletzung. So etwas kann in Familien passieren, die die persönlichen Grenzen des Kindes permanent übertreten, also verletzen, aber es sind auch andere, vielleicht traumatische Erlebnisse der Kindheit, die dazu geführt haben, dass übermächtige Gefühle entstanden, die »eingefroren« werden mussten, weil sie sonst das Kind sogar getötet hätten. Um das zu verhindern, töten Kinder lieber ihre Gefühle ab.

Vielleicht wird an dieser Stelle auch deutlich, dass die Ursache allen psychischen Leids im Grunde immer mangelndes Selbstwertgefühl und damit die fehlende Erfahrung von ausgewogener Liebe ist – dem einzigen Mittel zur Stärkung des Selbstwertgefühls. Welcher Persönlichkeitstyp sich im Anschluss entwickelt, scheint individuell verschieden zu sein. Die einen werden zum Selbsthasser, die anderen zum Übermenschen, und der Rest von uns bewegt sich irgendwo dazwischen. Je näher wir aber an die Wurzel des verzweigten

»Persönlichkeitsbaumes« gelangen, desto mehr wird der eine Ursprung deutlich, der immer mit Störungen eines grundlegenden Elements des Lebens zu tun hat: mit der Liebe.

Ihr eigenes Persönlichkeitsprofil

Und jetzt eine kleine Übung. Sie kennen sich selbst am besten: Mit welchem Typ identifizieren Sie sich jeweils am meisten? Wo finden Sie am ehesten etwas von sich wieder? Schätzen Sie sich selbst ein. Machen Sie jeweils dort ein Kreuz, wo Sie sich zwischen den beiden Polen plazieren würden. Insgesamt machen Sie also sechs Kreuze. Anschließend verbinden Sie die Kreuze zu einer senkrechten (Zickzack-)Linie. Zur Überprüfung können Sie sich danach von jemandem einschätzen lassen, der Sie gut kennt und der reflektiert genug ist, um Sie akkurat zu beurteilen. Schauen Sie, ob die Form Ihrer (Zickzack-)Linie einigermaßen übereinstimmt. Wenn ja, ist das ein gutes Zeichen: Dann stimmen Selbstbild und Fremdbild gut überein.

Achten Sie darauf, mit Ihrem Kreuz möglichst die Mitte zu meiden. Unsere Typenbeschreibungen sind eher negativ (da wir mittels Verdeutlichung polarisieren wollen), da zögert man unter Umständen, sich den einzelnen Typen überhaupt zu nähern. Aber versuchen Sie dennoch, sich immer für eine Seite zu entscheiden und dann in der Ausprägung (eins bis zehn) die Stärke der Identifikation deutlich zu machen – damit Sie am Ende auch etwas sehen.

Wenn Sie wollen, können Sie auch andere damit einschätzen; aber am besten schätzt man sich selbst ein.

Also, los geht's:

Idealllinie

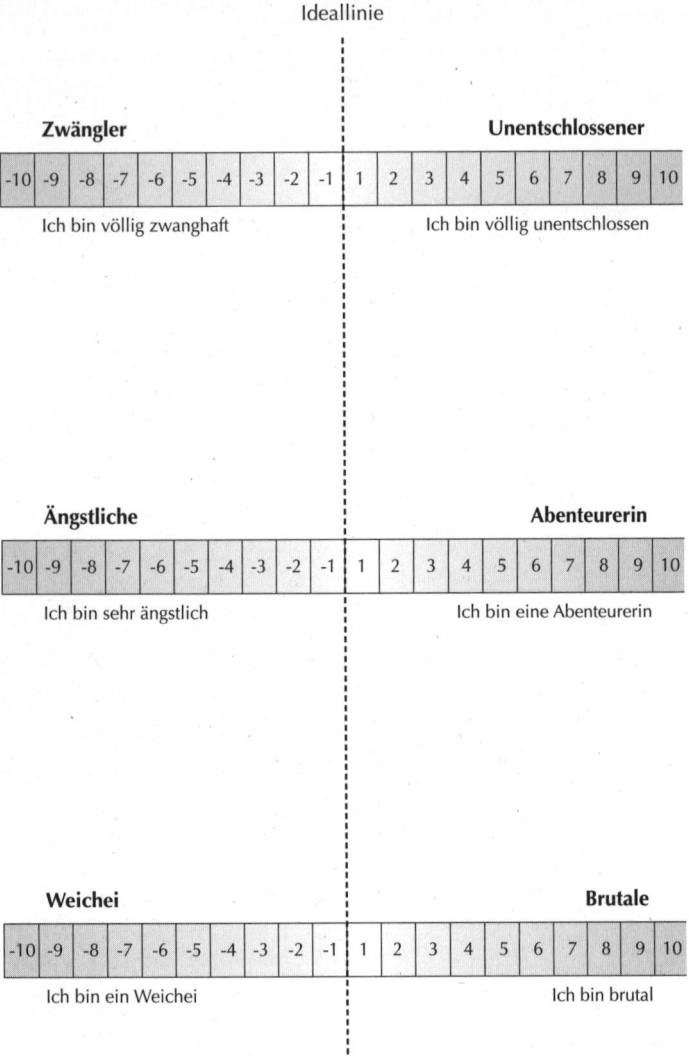

Zwängler   **Unentschlossener**

| -10 | -9 | -8 | -7 | -6 | -5 | -4 | -3 | -2 | -1 | 1 | 2 | 3 | 4 | 5 | 6 | 7 | 8 | 9 | 10 |

Ich bin völlig zwanghaft   Ich bin völlig unentschlossen

Ängstliche   **Abenteurerin**

| -10 | -9 | -8 | -7 | -6 | -5 | -4 | -3 | -2 | -1 | 1 | 2 | 3 | 4 | 5 | 6 | 7 | 8 | 9 | 10 |

Ich bin sehr ängstlich   Ich bin eine Abenteurerin

Weichei   **Brutale**

| -10 | -9 | -8 | -7 | -6 | -5 | -4 | -3 | -2 | -1 | 1 | 2 | 3 | 4 | 5 | 6 | 7 | 8 | 9 | 10 |

Ich bin ein Weichei   Ich bin brutal

Idealllinie

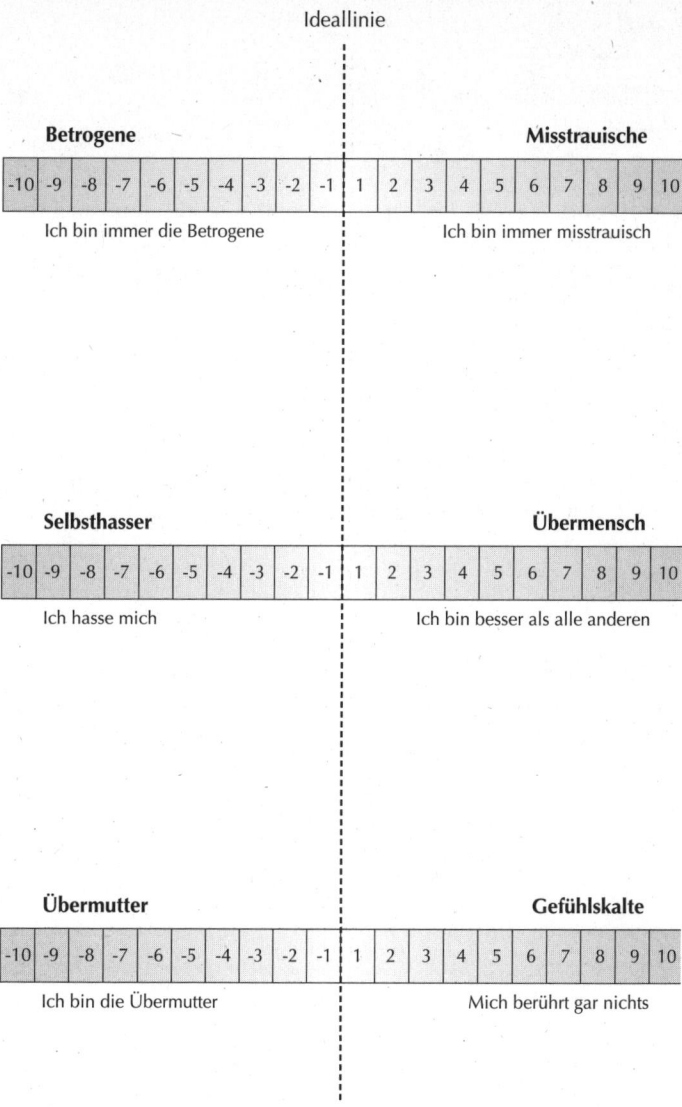

Ideallinie

Betrogene   **Misstrauische**

| -10 | -9 | -8 | -7 | -6 | -5 | -4 | -3 | -2 | -1 | 1 | 2 | 3 | 4 | 5 | 6 | 7 | 8 | 9 | 10 |

Ich bin immer die Betrogene   Ich bin immer misstrauisch

Selbsthasser   **Übermensch**

| -10 | -9 | -8 | -7 | -6 | -5 | -4 | -3 | -2 | -1 | 1 | 2 | 3 | 4 | 5 | 6 | 7 | 8 | 9 | 10 |

Ich hasse mich   Ich bin besser als alle anderen

Übermutter   **Gefühlskalte**

| -10 | -9 | -8 | -7 | -6 | -5 | -4 | -3 | -2 | -1 | 1 | 2 | 3 | 4 | 5 | 6 | 7 | 8 | 9 | 10 |

Ich bin die Übermutter   Mich berührt gar nichts

Ideallinie

Kapitel 6

▷ Wie Heilung entsteht

Wenn Sie die vorangegangene Übung durchgeführt oder auch nur über die sechs verschiedenen Extremtypen nachgedacht haben, konnten Sie sich sicher ein deutlicheres Bild davon machen, welche Anteile der oben beschriebenen Typen in Ihnen wirken, zumindest in Ihrer momentanen Situation. Sie können sich nun vielleicht genauer einschätzen. Je weiter Sie von der Mitte der Skala weg liegen, desto mehr brauchen Sie wahrscheinlich einen Ausgleich Ihrer persönlichen Balance. Der Grund, warum wir das ein oder andere Mal ins Extrem gerutscht sind, hat in aller Regel mit den Verletzungen zu tun, die wir alle im Laufe unseres Lebens erfahren haben. Machen Sie sich keine Sorgen, wohl niemand ist in allen Dimensionen ausgewogen und immer in der Mitte. Jeder hat sein Profil, also Ausschläge nach rechts oder links, jeder hat seine Problematiken, jeder seine Verletzungen. Wir alle bedürfen der Heilung. Wie die funktioniert, wollen wir in diesem Kapitel beschreiben. Zur Heilung gelangen wir durch sieben Schritte, die, wenn auch nicht immer nacheinander, so doch alle zu ihrer Zeit getan werden müssen, damit Heilung entstehen kann. Oder anders formuliert: Menschen, die seelische Heilung erfahren haben, berichten von all diesen Schritten. Schauen wir sie uns genauer an:

So wie Verletzungen durch Menschen entstehen, benötigt auch die Heilung Menschen. Viele Menschen meinen, sie bräuchten keine Hilfe, könnten ihr Selbstwertgefühl selbst steigern, 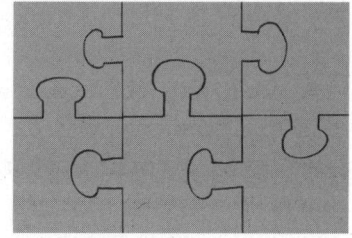 kämen mit ihren Problemen allein klar oder hätten überhaupt gar keine Verletzungen. Das mag in seltenen Fällen richtig sein, aber oft haben die, die das behaupten, einfach keine Vorstellung davon, was erfülltes Leben wirklich bedeuten kann: ein Leben, das heil ist oder wenigstens heiler als zuvor. Sie können keinen Sinn dafür entwickeln, wie es sich wohl anfühlen könnte, wenn sie unbelasteter im Leben stünden, ohne übermäßige Angst, ohne unnötiges Leid oder Hass, Neid, Gram und Zank. Verstehen Sie uns nicht falsch: Wir sind alle manchmal hasserfüllt, neidisch, grämen uns oder hadern mit der Welt. Aber viele kommen davon nicht los, sie haben diese Gefühle in ihre Persönlichkeit integriert. Sie haben sich ihren Verletzungen ergeben und bleiben in ihrer Wahrnehmung Opfer. Aber das muss nicht so bleiben, denn das Leben hat so viel mehr zu bieten. Um vom Opfer zum Akteur zu werden, braucht es die **Weisheit des anderen.** Weisheit ist ein wunderbarer Begriff, denn er beinhaltet beides: Denken und Gefühl. Die Weisheit des anderen heißt, dass ich andere Gedanken brauche als meine, wenn ich meine Verletzungen heilen will. Ich brauche andere Zugänge und Sichtweisen, andere Überzeugungen und einen anderen

Glauben. Das ist die kognitive, die gedankenorientierte Seite der Weisheit. Auf der emotionalen, auf der Gefühlsseite der Weisheit finden sich Intuition, Gelassenheit, Wärme und Liebe. Dieser Weisheit muss ich mich bedienen, um zu heilen. So wie ich mich seelisch nicht selbst verletzen kann, kann ich mich seelisch auch nicht selbst heilen. Natürlich glauben auch wir an die Selbstheilungskräfte der Seele. Wie unsere Haut kann auch die Seele Wundschorf bilden und vernarben, aber nur, wenn sie dazu irgendwann – entweder vorbeugend (s. Resilienz) oder nachsorgend – von außen ermächtigt wird. Sonst bleiben die Wunden für immer. Der Balsam für unsere Seele ist die **liebende Nähe** der anderen. Dabei bedeutet »Liebe« nicht, »immer lieb zu sein«, denn es ist manchmal notwendig, Konflikte auszutragen, sich heftig zu streiten, klare Grenzen zu ziehen und keine Kompromisse einzugehen. Liebe bedeutet vielmehr: sich selbst und den anderen nicht nur mit Respekt, sondern mit Wohlwollen, Wertschätzung, Vertrauen in meine und dessen Fähigkeiten und mit Anteilnahme anzuschauen, um zu verstehen und anzunehmen. Welche Handlung daraus abgeleitet wird, bleibt offen – auch Trennung oder Beziehungsabbruch sind in dieser Definition von Liebe möglich.

▷ 2. Heilung braucht Willen

Wer meint, Heilung pas-
siere von selbst, hat sich
getäuscht. Man muss sie
wollen, und zwar so sehr,
dass alles andere dahinter
zurücksteht. Es muss die
oberste Priorität sein, das,

was einen umtreibt, hinter sich lassen und in ein gelassene-
res, glücklicheres Dasein gelangen zu wollen. Alles andere ist
Zeitverschwendung. Wie komme ich dahin? Durch Abstoßung oder Anziehung. Von A nach B gelange ich entweder,
weil A mich so sehr abstößt, dass ich einfach nur weg will.
Dazu könnte der folgende Satz passen: »Erst wenn es richtig
wehtut, ändern wir uns.«

Die schonendere Art, um von A nach B zu gelangen: B zieht
mich so sehr an, dass ich mich von A löse und durch Attrak-
tion nach B gelange. Zu diesem Weg könnte dieser Satz passen: »Liebe und Zuneigung verändert Menschen.« Meistens
kommen Klienten in die Therapie, weil sie die erste Variante
(Abstoßung) erleben – sie wollen einfach nur weg von ihrem
aktuellen Leben. Im Therapieprozess wechseln sie dann in
der Regel zur zweiten Variante (Anziehung) und entwickeln
eine »Vision des besseren Lebens«, dessen Anziehungskraft
so groß ist, dass der Klient sich immer wieder aufmacht, um
dorthin zu gelangen. Beide Varianten brauchen den Willen
zur Veränderung, zum Loslaufen und Dranbleiben; ohne diesen Willen bleibt jede Therapie wirkungslos. Aber auch außerhalb einer Therapie ist diese Haltung ganz entscheidend.

Niemand *wird* verändert, nur durch eigenes Tun ist Wachstum und Reifung möglich. Deshalb kann man auch andere nicht ändern, nicht den Partner, das Kind (das aber durch das Tun oder Nichttun der Erziehenden geprägt wird) oder die Eltern. Ich kann mich nur selbst mit der Hilfe anderer (aber nie ausschließlich damit) verändern. Heilung braucht meinen eigenen Willen.

▷ 3. Heilung braucht Umdenken

Diese Dimension der Heilung umfasst zwei Elemente. Für diesen Schritt brauchen wir jetzt unseren Kopf und unser Herz: Erstens müssen wir die als uns verletzend erkannten Botschaften im Kopf umformulieren – und ihnen im Herzen glauben. Und zweitens müssen wir das, was uns verletzt hat, so umdeuten, dass es einen Sinn für das eigene Leben ergibt. Im Klartext heißt das: Zuerst muss ich meine inneren Stimmen, die mir suggerieren, ich sei klein, schwach, minderwertig, inkompetent, unerwünscht oder fehl am Platz, deutlich wahrnehmen, um sie dann – in einer gedanklichen Anstrengung, also auch kreativ – umzuformulieren. Jedes Mal, wenn sich diese kleinmachenden Stimmen melden, kann ich ihnen zuhören, um ihnen dann das Wort im Mund herumzudrehen. Ein Beispiel: Wir erleben irgendeinen Misserfolg, fühlen uns nicht angenommen, ausgegrenzt, ungeliebt oder traurig. Da ist also zuerst immer ein Gefühl, das uns nicht gefällt. Dahinter liegt meist eine Botschaft, die durch die vorausgehende Erfahrung angestoßen wurde. Vielleicht hat uns der Chef mal wieder runtergeputzt, und wir fühlen uns deshalb ganz mies. Dann ist die Botschaft, die wir hören: »Du bist wertlos.« Habe ich diesen Satz identifiziert und kann ihn formulieren, habe ich schon gewonnen. Jetzt kann ich ihn nämlich umformulieren und mit einer Kampfansage gegen diese Stimme in mir verbinden. Ich kann sagen: »Du bist eine Stimme, der ich nicht mehr glauben werde. Ich bin nicht wertlos, sondern eines der wunderbarsten Geschöpfe, die es gibt. Ich lebe mein Leben, habe genug Kraft, um mich zu verändern, wachse täglich und kann sehr viel. Ich bin sehr wertvoll.« Mit der Zeit reicht dann vielleicht nur der »Gegengedanke« in Kurzversion: »Nein, ich bin wertvoll.« So ein innerer Dialog mit den eigenen Stimmen ist ein wunderbares und uraltes Mittel, um zu heilen. Schon Ignatius von Loyola, der große christliche Spirituelle, hat es bereits im 16. Jahrhundert benutzt und gelehrt. Bis heute wird so in den sogenannten »ignatianischen Exerzitien« praktiziert. Ignatius nennt diese Technik »Die Unterscheidung der Geister«, also die Identifizierung der inneren Stimmen und eine bewusste Auswahl der guten sowie eine Aussortierung der schlechten, und bis heute spricht die Transaktionsanalyse (nach Eric Berne) der sechziger und siebziger Jahre von »tapes«, also »Kassetten«, die solche Botschaften senden. Die »Kassettenrekorder« sind unsere Eltern beziehungsweise die Menschen, die uns maßgeblich prägen. Das Gute daran: Wie jede Kassette kann man diese löschen und neu besprechen – heute müsste man natürlich von »rewritable CDs«

sprechen. So ganz einfach ist das zwar nicht, und vollständig werden solche Botschaften – positive wie negative – in den seltensten Fällen zu löschen sein, aber veränderbar sind sie allemal. Außerdem kann man entscheiden, welche Kassette man hört. Und da ist es gut, wenn man lernt zu wählen.

Im zweiten Schritt können wir dem, was uns verletzt, einen Sinn geben. Wenn ich zum Opfer geworden bin und gelitten habe, ist es am wichtigsten, mich wieder als stark, wertvoll und eigenmächtig zu erleben, als jemand, der Einfluss hat auf das eigene Leben und auf sein Glück. Opfer haben dieses Gefühl verloren. Diese eigene innere Stärke können wir nur empfinden, wenn wir Sinn finden. Das Englische drückt es mit »to make sense« noch deutlicher aus: Wir müssen Sinn *machen*. Wenn es einen Sinn macht, Leid und Verletzung zu erfahren, dann den, dass mein Überleben mir die eigene Stärke beweist. Jeder, der Leid überlebt hat – und wenn auch nur mit Hängen und Würgen –, kann stolz auf sich sein und hat Grund zur Dankbarkeit. Wer angesichts des eigenen Leids zudem noch einen Funken der Hoffnung oder des Trotzes in sich trägt, hat sein Leid schon besiegt. In diesem Sinne kann nach verarbeitetem Leid Dankbarkeit entstehen – dafür, dass ich mit schier unglaublichen Reserven ausgestattet bin, die es mir ermöglichen, selbst die schlimmsten Stürme zu überstehen. Es mag paradox klingen, ist aber zutiefst wahr: Durchlittenes und überstandenes Leid kann einen Sinn hervorbringen, der dankbar macht für das Leben – eine größere Motivation, alles zur Heilung Notwendige zu tun, kann es nicht geben.

Die seelische Heilung braucht – ganz ähnlich der körperlichen Heilung – oft sehr viel Zeit. Meist ist das ein langwieriger Prozess. Manchmal gibt es die Illusion, geheilt zu  sein, und dann folgt der Rückschlag. Und manchmal bleibt unsere Seele von Narben gezeichnet; gerade das macht uns unverwechselbar. Es ist nicht so, als müsste man »den einen Satz« hören, »die eine Erkenntnis« erlangen, »den einen Menschen« treffen, damit plötzlich und sofort wieder alles gut ist. Viele Therapieklienten glauben das; sie kommen in der Erwartung, ein magisches Wort zu hören, das ihnen ihren Schmerz oder ihr Unwohlsein nimmt. Leider funktioniert das nicht, und das kann erst einmal Angst machen. Die Tatsache, dass schnelle Lösungen nicht wirklich funktionieren, bringt uns dazu, das zu entwickeln, was wir für ein erfolgreiches und erfülltes Leben dringend brauchen: Mut. Wenn ich heil werden *will*, dann *brauche* ich Mut – zumindest ein bisschen – um mich in den Prozess hineinzubegeben, um mir die Verletzung anzuschauen, die ich mit mir herumtrage, um darüber zu sprechen, um auch das anzuschauen, was ich lieber verdrängen würde (und wahrscheinlich auch lange verdrängt habe). All das erfordert Mut, ist wichtig, und bringt mich dazu, Konsequenzen zu ziehen – auch in der Zeit nach der Heilung. Ist der »Mut-Muskel« erst einmal trainiert, leistet er mir im späteren, befreiten Leben beste Dienste. Menschen, die einen Heilungsprozess der Seele hinter sich haben, wissen, was sie gewonnen haben: ein Bewusstsein für die eigenen Stärken, das ihnen die Sicherheit gibt, das Leben bewältigen zu können. Wir können für unseren Mut also auch belohnt werden – mit Selbstsicherheit, und die brauchen wir alle, um glücklich zu sein.

▷ 5. Heilung braucht Vertrauen

Gerade weil eine Heilung nicht von ganz allein geschehen kann, brauchen wir etwas, das uns ermöglicht, von außen Heilungsimpulse aufzunehmen: Vertrauen. Wir brauchen das Vertrauen zu Personen, die uns wohlgesinnt sind, ein vertrauensvolles Lebensumfeld, das uns Sicherheit gibt, offen sein lässt und uns so annimmt, wie wir sind. Was wir brauchen, ist Empathie und Menschlichkeit, die nicht an der Oberfläche bleibt, sondern auch Tiefe zulässt. Menschen, die ein gewisses Maß an Reife haben, können uns auch teilhaben lassen an ihrer eigenen Energie. Haben Sie solche Menschen um sich? Wenn ja, wunderbar! Wenn nicht, wird es Zeit, dass Sie sich auf die Suche begeben, solche Menschen zu finden. Wer eine reife Persönlichkeit besitzt, wird andere nicht benutzen müssen, um eigene emotionale Bedürfnisse an ihnen zu befriedigen, sondern auch wertschätzen, lieben, geben und nehmen können, ohne auf den eigenen Vorteil bedacht zu sein. Achten Sie darauf und vertrauen Sie Ihrem Gefühl, wenn Ihnen solche Menschen begegnen – von denen können Sie die zur Heilung nötigen Impulse bekommen. Solche Menschen können gute Freunde, passende Therapeuten, aber auch manchmal Fremde sein, die uns innerlich berühren. Wenn sich bei solchen Begegnungen zunächst ein wechselseitiges Vertrauen entwickelt, ist eine spätere Enttäuschung nicht auszuschließen – Vertrauen kann immer auch missbraucht werden. Das ist schmerzhaft, aber es bedeutet nicht, dass Sie generell Menschen nicht mehr vertrauen sollten. Berauben Sie sich nicht neuer Erfahrungen; das würde Sie nicht weiterbringen. Also lassen Sie sich lieber ab und an enttäuschen, als niemandem mehr zu vertrauen, denn das würde Sie zu einem bitteren, griesgrämigen und isolierten Menschen machen. Durch Enttäuschungen können Sie lernen und durch neue Erfahrungen immer besser herausfinden, wem Sie Ihr Vertrauen schenken möchten. Wenn das auch länger dauern sollte, als Sie sich erhofft hatten: Seien Sie geduldig und nutzen Sie die Zeit. Letztlich kann es sich für Sie nur lohnen.

▷ 6. Heilung braucht Glauben

Nur wer glaubt, kann ge-
heilt werden. Glauben
wollen wir in diesem Zu-
sammenhang nicht als re-
ligiösen Glauben verstan-
den wissen. Es geht um
Ihren ganz persönlichen
Glauben, Ihre Überzeugungen im Leben, Ihre persönliche
Spiritualität, also das, was man oft auch »Lebensphiloso-
phie« nennt. Woran glauben Sie: dass Geld wichtig ist, dass
der Mensch im Mittelpunkt steht, dass es sich lohnt, freundlich zu sein, dass Menschen grundsätzlich egoistisch sind,
oder dass es ein Dasein im Jenseits gibt? Unsere Glaubens-
grundsätze sind vielfältig und oft grundverschieden; und
auch sie haben wir gelernt. Manchmal erleben wir etwas, das
unseren Lebensglauben zutiefst erschüttert, wir sagen dann:
»Meine Welt ist zusammengebrochen.« Danach müssen wir
Aufbauarbeit leisten, denn ohne persönlichen Glauben kann
niemand leben; geschweige denn heilen. Viele finden Glauben in Religionsgemeinschaften, aber bei weitem nicht alle.
Orientierung kann man im Christentum, im Islam, im Ju-
dentum, im Buddhismus, aber auch in der Esoterik finden,
im Mystizismus oder in der Philosophie, Naturwissenschaft
oder Wirtschaft. Glauben kann man an alles Mögliche, uns
geht es aber nicht darum, die Richtigkeit eines Glaubens zu
diskutieren. Es geht darum festzustellen, dass ein starker
Glaube, eine starke Überzeugung Heilung erst ermöglicht.
Ich muss beispielsweise daran glauben, dass mein Leben nach

der Heilung besser sein wird. Ich muss daran glauben, dass Heilung überhaupt möglich ist. Und ich muss daran glauben, dass ich es wert bin zu heilen. Wie man sich dies herleitet – ob aus der Liebe Gottes oder der Lehre vom Sozialdarwinismus –, ist für den Effekt nicht wichtig, aber einen Glauben an sich zu haben, schon. Heilung ist kein Kinderspiel. Den Berg muss man erst einmal überwinden. Aber keine Angst, denn Glaube versetzt Berge.

▷ 7. Heilung braucht Zeit

Zeit allein kann keine Wunden heilen – wir haben gesehen, dass noch weit mehr als Zeit erforderlich ist, um wieder heil werden zu können. Wenn wir uns darum bemühen  wollen, brauchen wir Zeit, damit wir zu einer möglichst vollständigen Heilung kommen können. Auch eine seelische Wunde heilt nicht schnell. Wie bei einer körperlichen Verletzung müssen wir während und nach der Versorgung Geduld aufbringen. Man könnte also aus dem Spruch »Zeit heilt alle Wunden« einen passenderen Satz formulieren: »Alle Wunden brauchen Zeit zur Heilung.« Für uns ist dabei wichtig: Wenn wir im Prozess der Heilung sind, *dürfen* wir geduldig mit uns selbst sein. Wir *dürfen* den Schmerz erleben – er bereichert uns, wenn wir ihn bewusst wahrnehmen und mit ihm umzugehen lernen. Wir *dürfen* uns Zeit lassen, unseren Schmerz zu betrauern. Erst danach können wir ihn auch wirklich hinter uns lassen. Auch wenn wir nicht gleich mit voller Kraft wieder loslaufen können, dürfen wir sicher sein, dass jeder Schritt – und sei er noch so klein – uns weiterbringt. Und selbst wenn wir den zweiten Schritt erst Jahre später machen, ist er uns doch nur durch den ersten ermöglicht worden.

Das sind also die sieben Elemente, die die Seele benötigt, um heilen zu können. Die gute Nachricht dabei ist: Alles, was Sie brauchen, können Sie auch bekommen. Seelenheilung ist kein Luxusgut. Sie bleibt auch nicht denen vorbehalten, deren Wunden bereits lebensbedrohlich geworden sind. Jedem steht Seelenheilung zu, jeder kann sie bekommen. Manchmal bedarf es professioneller Hilfe, aber genau dazu sind Therapeuten ja da.

Die vier Perlen der Heilung

Um den Verlauf einer Heilung zu beschreiben, möchten wir ein Bild zu Hilfe nehmen, das Ihnen deutlich machen soll, wie wichtig und wertvoll die einzelnen Schritte der Heilung sind. Wir stellen uns vor, dass die Heilung selbst eine Kette ist, auf der für jeden Schritt oder Abschnitt eine kostbare Perle aufgereiht ist.

1. Erkennen
2. Betrauern
3. Gewonnene Stärken
4. Dankbarkeit empfinden

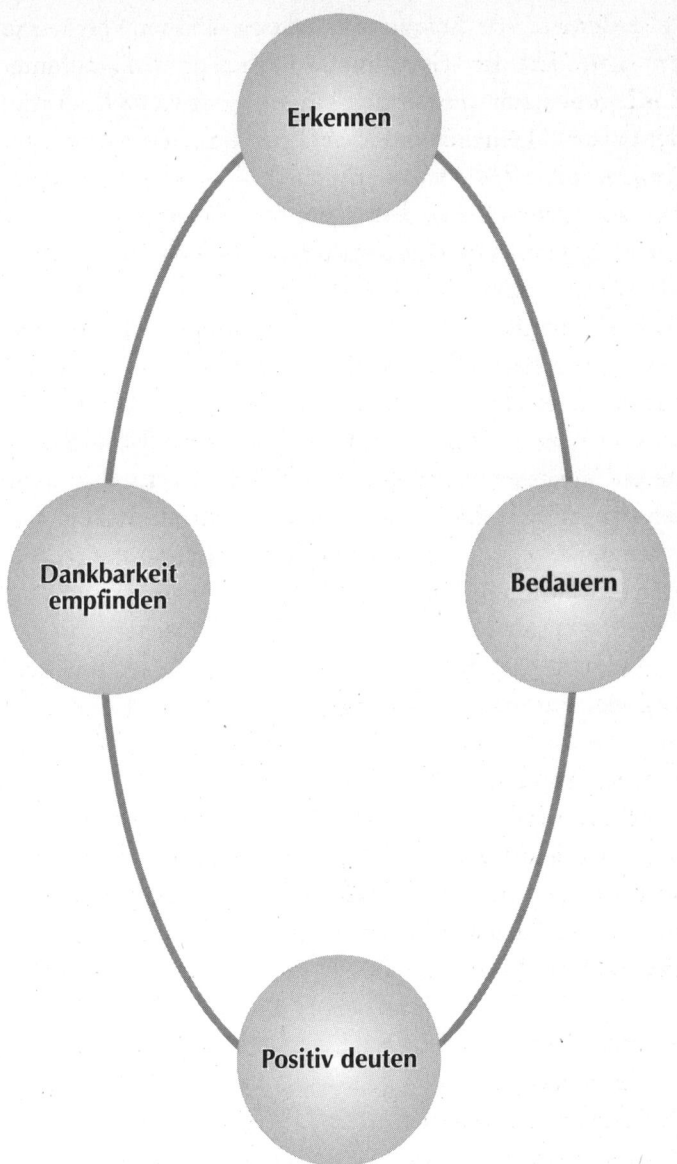

Lassen Sie uns die Abfolge anhand eines Beispiels erklären: Viktor verletzt sich selbst. Der 21-Jährige ritzt sich mit einer Rasierklinge, manchmal auch mit einem spitzen Nagel oder mit dem Deckel einer Konservendose, Schnitte in die Haut der Unterarme.[14] Er tut das immer dann, wenn er kein Gefühl mehr hat, wenn er nichts mehr spürt. Wenn er sich ritzt und langsam das Blut aus seiner Haut hervorquillt, kann er sich selbst wieder spüren, dann fühlt Viktor sich lebendig. Sein Blut erinnert ihn an sein Leben. Nach dem Ritzen geht es ihm besser, es bleiben aber unschöne Narben zurück. Sie erregen Aufsehen bei den Leuten, und das will Viktor nicht. Deshalb zieht Viktor auch im Sommer keine T-Shirts an – die Arme müssen bedeckt sein. Er ritzt sich seit seinem vierzehnten Lebensjahr, das hat ihm lange sehr geholfen. Seit ein paar Wochen nun kann er es nicht mehr ausstehen. Der Automatismus des Ritzens und die vorausgehende »dunkle Zeit« hat er satt. Er möchte lernen, anders – besser – mit sich und seinem Leben zurechtzukommen, und er möchte endlich wissen, woher das eigentlich kommt, dieses »dunkle Gefühl«, das ihn sich immer wieder wie tot fühlen lässt. Weil Viktor studiert, geht er zur psychologischen Beratungsstelle seiner Universität.

Zum Glück reagiert die Psychologin dort nicht hysterisch wie seine Mutter, die bei ihm Narben entdeckt hatte, als er noch so unvorsichtig war, sie nicht ständig abzudecken. Im Gegenteil, die Psychologin sagt ihm, dass dies nichts Ungewöhnliches sei, täglich kämen Studierende zu ihr, die sich ritzten. Viktor ist erst einmal erleichtert.

In den ersten Sitzungen geht es um den ersten Schritt der Heilung:

Erkennen

Viktor erkennt, dass sein Problem nicht das Ritzen ist und auch nicht das »dunkle Gefühl« (eine Form der Depression, wie ihm die Therapeutin erläutert), sondern das, was ihn in seinem Leben dazu gebracht hat, seine Gefühle auszublenden. Viktor erkennt, dass das Ritzen vielmehr eine Strategie der Seele ist, um zu überleben und um dieses Gefühl der inneren Taubheit zu durchbrechen. Er begreift, dass die Tatsache, dass seine Eltern ihn nicht haben wollten und ihn nach fehlgeschlagener Abtreibung vernachlässigten, später ignorierten und buchstäblich mit Füßen traten, für ihn als Kind so schmerzhaft war, dass seine Seele wie ein Sicherungskasten bei Überspannung einfach »abgeschaltet« hat. Er erkennt, dass den »dunklen« Phasen immer Ereignisse vorausgingen, die die Dunkelheit auslösten und die er alle mit eigenem Scheitern in Verbindung brachte: eine versiebte Prüfung, Streit mit der Freundin oder auch nur eine abfällige Bemerkung eines Fremden in der S-Bahn – sofort fühlte er sich wieder klein und ungeliebt, und der innere Sicherungskasten schaltete sein Gefühl wieder ab. All das erkennt Viktor nun, er versteht, was da bei ihm passiert. Jetzt ist er bereit für den zweiten Schritt:

Betrauern

Viktor dachte immer, seine Kindheit sei nicht besonders spektakulär verlaufen, er empfand sie als ganz normal. Eltern regen sich eben auf, wenn man ihnen zu viel Mühe macht, sie sind nicht zuständig dafür, wenn es in der Schule mal hakt. Das ist die eigene Schuld, und die muss man eben allein tragen. Erst durch die Therapeutin, die aufgrund ihres Einfühlungsvermögens manchmal Tränen in den Augen hatte, wenn Viktor aus seiner Kindheit erzählte, kam er dazu, zu fragen: »War das wirklich so traurig, was ich da erlebt habe?«, um schließlich selbst zu erkennen: »Ja, das war verdammt traurig!« Und auch Viktor fing nun an zu weinen, wenn er davon berichtete. Er begann, sich selbst zu betrauern. Viktor war nicht der Typ, der weint, aber jetzt trauerte er lange und intensiv. Und interessanterweise ritzte er sich in dieser Trauerphase nicht. Er verspürte noch nicht einmal das Bedürfnis, das zu tun, denn die Trauer war ganz lebendig und wohltuend. Viktor lernte zu trauern. Und dazu gehörte auch, die Wut auf seine Eltern zuzulassen, die ihn zur Welt gebracht hatten, obwohl er ja nicht darum gebeten hatte, und deren Verhalten ihm gegenüber er so empfand, als wäre er für ihr Leid verantwortlich gewesen. Seine Wut gibt ihm jetzt den Mut, mit seinen Eltern über dieses Thema zu sprechen. Auch wenn sie nicht wirklich nachvollziehen können oder wollen, was er sagt, haben sie jetzt Gelegenheit, ihm zu erklären, warum sie so und nicht anders gehandelt haben. Das Verhältnis zwischen Kindern und Eltern wird durch so eine Aussprache nicht immer besser, aber im Falle von Viktor ertragbar und hilfreich. Zeit für den dritten Schritt:

Positiv deuten

Vernachlässigung, Grausamkeit und Ignoranz sind nicht positiv. Daran lässt sich mit aller Mühe nichts ins Gute umdeuten. Aber Auswirkungen solcher als schlimm empfundenen

Erlebnisse lassen sich allemal positiv deuten. Nachdem Viktor gebührend und ausgiebig getrauert hat, beginnt er, den Erlebnissen seiner Vergangenheit auch Gutes abzugewinnen. Wo er vorher lediglich Schmerz und Leiden sah, begreift er nun auch seine eigene Stärke, die es ihm ermöglichte, all das zu überstehen und schließlich – mit Hilfe einer Therapie – sogar zu meistern. Er spricht von seiner Kindheit nun nicht mehr als »Horror«, sondern als »Prüfung« und später sogar als »Triumph«. Und so empfindet er es schließlich auch. Er hat gesiegt, und zwar trotz aller Widrigkeiten, und er deutet sein Ritzen nun auch nicht mehr als Versagen. Früher hat er sich immer schuldig gefühlt, wenn er »es« wieder getan hatte, heute sieht er es als »guten alten Bekannten«; man begegnet sich ab und an, hat sich aber nicht mehr allzu viel zu sagen und kann doch den anderen wertschätzen. Wenn sich der alte Freund allzu sehr aufdrängt, ist es Viktor heute möglich, ihn in seine Schranken zu verweisen. Damit das ein wenig leichter wird, gibt ihm die Therapeutin ein »Notfallpaket«. Darin befinden sich scharfe Chilischoten (auf die er beißen kann, um sich zu spüren), ein Massageball mit Noppen (ebenfalls zum Spüren) und ein roter Edding. Den mit einzupacken war Viktors Idee; damit malt er sich das Blut auf die Haut. Seine Vorstellungskraft reicht aus, um es als Blut zu deuten, das ihn an sein Lebendigsein erinnert. Viktor ritzt sich in den Folgejahren noch ein paar Mal: als sich seine Freundin von ihm trennt, als er die fünfzigste Job-Absage bekommt und als seine Mutter stirbt. Er deutet das nicht mehr als Versagen, sondern als Tribut an sein Leben: »Andere hätten sich vor den Zug geworfen, ich schaff es mit ein bisschen Bluten«, sagt er mit einem Augenzwinkern und rafft sich wieder auf. Er hat das Gefühl, dass er sein Leben jetzt im Griff hat, die Therapeutin im Übrigen auch. So beendet er die Therapie. Der vierte Schritt ist gemacht:

Dankbarkeit empfinden

Heute empfindet Viktor vor allem Dankbarkeit: für die Chancen in seinem Leben, für das Privileg, eine Therapie gemacht haben zu können – mit einer Therapeutin, die für ihn offensichtlich genau die richtige war –, dafür, dass er so stark ist, dass er Menschen gefunden hat, die ihm helfen wollten und konnten, dafür, dass er vor dem Wunsch seiner Eltern, ihn aus dem Leben zu streichen, nicht kapituliert hat, dass er sich weigerte, ihre Version seines Wertes zu glauben, dass er stattdessen all die Jahre davon überzeugt blieb, rechtmäßig und zum Gewinn der Welt da zu sein, für seinen Lebensmut, dafür, dass seine Heilung funktioniert hat. Dafür, dass er mit Rückfällen gut umgehen kann, dass er das Gefühl hat, sein Leben zur Fülle leben zu können. Heute ist Viktor ein vor allem dankbarer Mensch. Und das macht ihn gerade wieder unendlich … dankbar.

Kapitel 7

▷ Die Aussöhnung mit der Vergangenheit

Lesen Sie folgendes Szenario wie die Beschreibung in einem Drehbuch:

Sie sitzen in einem alten Schaukelstuhl auf der schattigen Veranda eines Südstaatenhauses, der sanfte Sommerwind weht Ihnen ins Gesicht, während Sie mit geschlossenen Augen bei einem Glas Eistee den Klängen Ihrer entspannenden Lieblingsmusik lauschen. Und Sie schwelgen in Erinnerungen. Sie ziehen eine geistige Bilanz Ihres bisherigen Lebens, denken an Ihre Kindheit, an die Eindrücke, die Gerüche, die Klänge, das Lachen Ihrer verstorbenen Lieblingsoma. Und all Ihre Gefühle aus der Kindheit kommen zurück, diese überwältigenden Emotionen, die Sie geprägt haben. Und dann mischen sich in die schönen, friedvollen und von Freude erfüllten Bilder Erinnerungen an dunkle Momente, die Ihre Glieder jetzt zucken lassen. Zunächst versuchen Sie, diese Gefühle und Erlebnisse zu verdrängen und sich wieder auf die schönen Episoden Ihrer Vergangenheit zu berufen. Doch wieder und wieder finden die unschönen Dinge Ihres Lebens den Weg zurück in Ihr Bewusstsein, und Sie fühlen sich verstört und unglücklich. Sie öffnen Ihre Augen und merken plötzlich, dass Sie trotz allem immer noch auf der wunderschönen Terrasse sitzen und diese angenehme Brise Sie umweht. Und Sie sagen sich: »Nein, so kann es nicht weitergehen, ich bin in meinem Leben so weit gekommen. Jetzt lasse ich mich von meiner Vergangenheit nicht einholen und in die Knie zwingen.« Wie können Sie ein solches Szenario für Ihr Seelenheil nutzen? Willkommen im siebten Kapitel.

Wir möchten Ihnen helfen, sich mit Ihrer Vergangenheit auszusöhnen.

Sprechen wir von Vergebung, wird unserer Ansicht nach in einem großen Teil unserer Gesellschaft ein völlig falscher Grundsatz verfolgt: »Vergeben und vergessen.« Das kann es nicht sein, denn wenn ich vergesse, was mir in meinen vergangenen Lebensjahren widerfahren ist, kann ich aus meinen Erfahrungen keine wertvollen Schlüsse mehr ziehen, die mich weiser und reifer werden lassen. Verstehen Sie uns nicht falsch, wir möchten nicht, dass Sie anderen Menschen immer wieder dasselbe vorwerfen, was Ihnen einmal »angetan« wurde, oder dass Sie sich der Kunst der »Vendetta« (Blutrache) widmen. Nein, das ist nicht unser Anliegen. Es geht hier um das eigene Vermögen, schmerzhafte oder unangenehme Geschehnisse aus der Vergangenheit effektiv zu verarbeiten, ohne das Erlebte zu verdrängen oder unter den Teppich zu kehren. Also muss es heißen »vergeben und erinnern«. Erinnerungen – auch die schlimmen – sind ein Teil von Ihnen und haben ihren Platz in Ihrem Leben.

▷ Menschwerdung der Eltern – Verstehende Erinnerungen

Ein wesentlicher Schritt hin zum größeren Verständnis dessen, was Ihnen in Ihrem Leben passiert ist und mit Ihrem Elternhaus zu tun hat, ist die Veränderung Ihrer Sichtweise, die Neuausrichtung Ihres Blickwinkels auf die eigene Familie.

Was haben wir als Kinder und Jugendliche nicht alles an unseren Eltern auszusetzen gehabt oder ihnen vorgeworfen. »Sei doch nicht so spießig und kleinkariert!«, »Wieso darf ich nicht bei ihr übernachten?«, »Du hast meinen Freund aus dem Haus geekelt und bist sowieso an allem schuld.«
Ja, als Nicht-Erwachsener lassen sich die Eltern leicht als Projektionsobjekt heranziehen, als Sündenböcke, Lückenbüßer und »Despoten«. Doch auch wir sind irgendwann erwachsen geworden, haben unter Umständen schon eigene Kinder und merken, dass man für seine Familie sehr viel Verantwortung trägt, und spätestens an diesem Punkt der Einsicht sollte man noch einmal seine eigene Kindheit überdenken und reflektieren, ob die strengen und ungerechten Entscheidungen der Eltern nicht doch in einer gewissen Art und Weise nachvollziehbar oder zumindest entschuldbar sind. Elternschaft ist ein ganz schön schwieriger Job, zudem haben die eigene Mutter und der eigene Vater sicherlich auch mit persönlichen Unzulänglichkeiten zu kämpfen, die aus ihrer eigenen Kindheit resultieren, und sie versuchen trotz allem das ihrer Ansicht nach Beste, die eigenen Kinder zu glücklichen Menschen zu erziehen. Darum geht es in diesem Schritt:

Lassen Sie Ihre Eltern Mensch werden. Menschen wie du und ich, die wie jeder andere auch Macken haben, Ecken und Kanten, und die versuchen, trotz ihrer eigenen Fehler (= Menschlichkeit) ein ehrbares Leben zu führen. Und natürlich sind da eventuell Dinge passiert, die Sie Ihren Eltern nicht vergeben können, aber bedenken Sie dabei, dass es sicherlich immer einen Grund gab, warum man an einem gewissen Punkt in seinem Leben so gehandelt hat. Wenn Sie das nächste Mal etwas verbocken und Ihnen dies jemand einmal zu viel vorwirft, wird Ihnen mit hoher Wahrscheinlichkeit ein »Mein Gott, ich bin auch nur ein Mensch« entfahren. Mit diesem Statement haben Sie vollkommen recht. Jedoch gilt dieser Satz auch für andere, zum Beispiel für Ihre Eltern.

Meist empfand man als Kind dieses Gefühl von Ungerechtigkeit, und das hatte oft etwas mit Verboten zu tun, die einem von den Erziehenden auferlegt wurden. »Nein, heute Abend gehst du nicht aus« oder »Sei aber um 23 Uhr zurück«, »Wer geht noch auf diese Party?« Wir alle kennen das. Letztendlich waren Ihre Eltern aber besorgt um Ihre Sicherheit, Ihre Gesundheit, Ihr Wohlergehen und haben daher überzogen reagiert. Natürlich mögen diese Verbote das ein oder andere Mal eine komplette Fehlentscheidung und eine totale Unterschätzung Ihrer damaligen Reife gewesen sein, doch irgendwo sind die meisten doch nachvollziehbar, und was nachvollziehbar ist, sollte auch irgendwann vergeben werden. Wie gerade bereits erwähnt, hat der Prozess des Verständnisaufbringens viel damit zu tun, die Eltern unabhängig von ihrer Rolle als Erziehende zu betrachten, als Menschen. Und daher vergleichen wir die Begriffe »Menschlichkeit« und »Menschwerdung« mit »eigene Fehler haben« und »eigene Fehler akzeptieren lernen«, denn Fehler machen wir alle. Wir alle haben Schwächen, keiner ist perfekt. Eine gesunde Persönlichkeit hat nämlich nicht der, der perfekt ist und keine Schwachpunkte hat, das gibt es nämlich nur in Romanen oder Filmen. Nein, gesund ist jemand, der gelernt hat, seine Fehler zu akzeptieren und zumindest versucht, dagegen etwas zu unternehmen. Das Bemühen, seine eigenen Schwächen abzumildern, ist allein schon Gold wert. Ob man es dann letztendlich schafft, das ist wieder eine andere Geschichte, doch es gibt Dinge, die einen so drastischen Negativeinfluss auf Ihr Leben haben könnten, dass Sie diese nicht verzeihen müssen und sich lieber von Menschen, die Ihnen das angetan haben, trennen sollten. Dazu später mehr.

Wie steht es mit Ihrer eigenen Geschichte im Zusammenhang mit Vergangenheitsbewältigung? Rufen Sie sich einmal Erlebnisse aus Ihrer Kindheit, Jugend oder gar aus der nahen Vergangenheit ins Gedächtnis zurück, in denen Ihre Eltern Ihnen gegenüber vollkommen falsch reagiert oder gehandelt haben. Und nachdem Ihnen das gelungen ist, versuchen Sie, auch wenn Sie keine Kinder haben, aus der Sicht eines objektiven Erwachsenen zu überlegen, ob Sie nicht eventuell ähnlich gehandelt hätten beziehungsweise ob es nicht doch einen guten Grund gegeben haben könnte, warum man Ihnen damals »unrecht« getan hatte. Es kann auch sein, dass Ihnen gewisse Umstände nicht bewusst sind oder verschwiegen wurden, die erklären könnten, warum man sich damals so ungerecht Ihnen gegenüber verhielt. Sie merken, worauf wir hinauswollen? Genau, auf das gute alte und in diesem

Buch bereits oft gepriesene Mittel der Kommunikation, denn in Puzzles aus der Vergangenheit fehlt oftmals ein wichtiges Stück. Und wenn Sie von selber nicht draufkommen, was es mit Geschehnissen aus Ihren frühen Jahren auf sich hatte, dann sprechen Sie die Personen, die damit zu tun hatten, doch einfach noch einmal darauf an. Fragen Sie Mutter oder Vater, warum er oder sie dies oder jenes sagte oder tat oder verbat. Entweder wird Ihnen dadurch einiges klarer, oder Ihre Eltern kommen zu einer späten Einsicht und entschuldigen sich unter Umständen dafür. So oder so haben Sie dadurch gewonnen, denn auch wenn Ihre Eltern sich nicht einsichtig zeigen und nach wie vor zu ihrer »Fehlentscheidung« stehen, haben Sie zumindest den Versuch gestartet, Klarheit in Ihre Vergangenheit zu bringen. Ihre Eltern denken im Stillen bestimmt noch einmal über die angesprochenen Situationen nach – immerhin etwas. Natürlich kann dieses Gespräch etwas unangenehm werden, aber wenn Sie das Gefühl haben, Vorfälle aus Ihrer Vergangenheit noch nicht bewältigt zu haben, dann schonen Sie andere nicht durch ein »Das mache ich mit mir selber aus«. Sie tun sich damit keinen Gefallen.

Durch die Menschwerdung der Eltern, der eventuellen Klärung von Missverständnissen oder durch Vergebung werden aus negativen, bedrückenden oder gar traumatisierenden Erlebnissen aus der Vergangenheit *verstehende Erinnerungen*.

Bevor man die Brücken zwischen sich und Teilen seiner Kernfamilie sprengt, um die letzte Verbindung zu kappen, hat man zuvor sehr viel Leid und Schmerz erfahren, und es sollte sicherlich die letzte zu ergreifende Maßnahme auf dem Weg zur Selbstheilung sein. Doch manchmal scheint es keinen anderen Ausweg zu geben, dann heißt es Abschied nehmen von Mutter, Vater oder Geschwistern. Dann empfiehlt sich die Trennung von der Ursprungsfamilie.

Was muss bis dahin alles geschehen sein, dass ein Mensch sich von seiner Familie lossagt, um als unabhängiges Individuum ein glücklicheres Leben zu führen und die Wunden endlich heilen zu lassen, die ihm zugefügt wurden? Nun, an diesem Punkt maßen wir uns natürlich nicht an, eine Checkliste mit »familiären Verbrechen« zu veröffentlichen, mit deren Hilfe man entscheiden kann, ob man Mutter und Vater für immer Lebewohl sagt. Verbaler, mentaler und physischer Missbrauch können so unterschiedlich sein und von Kind zu Kind anders aufgenommen und verarbeitet werden, dass wir hier lediglich Beispiele von Menschen aufführen, denen durch ihre Eltern unschöne Dinge widerfahren sind, die sie schließlich zu dem Entschluss bewegten, sich von ihren Erziehenden zu verabschieden. Auch unter sich sind diese beiden Beispiele unterschiedlich und reichen von subtiler Manipulation bis zu roher körperlicher Gewalt.

Beginnen wir mit Letzterem, mit der Geschichte von Brigitte. Sie hat es wahrscheinlich am härtesten getroffen, das Schicksal hat es in ihrer Kindheit wahrlich nicht gut mit ihr gemeint. Brigittes Mutter starb kurz nach ihrer Geburt, und so war der Vater ihre einzige Bezugsperson. Er war ihr Ein und Alles, bis er anfing zu trinken und in seiner Einsamkeit und Verzweiflung begann, Brigitte zu missbrauchen. Möglicherweise gab er dem kleinen Mädchen unbewusst die Schuld am Tod seiner Frau. Aber das ist nur Spekulation. Brigitte war damals sieben Jahre alt. Dieses Martyrium zog sich über fünf Jahre hin, bis sie den Mut aufbrachte und sich der Mutter ihrer besten Freundin offenbarte. Dann ging alles ziemlich schnell. Ihr Vater wurde festgenommen und Brigitte in die Obhut von Pflegeeltern gegeben, die ihr Bestmögliches taten, um Brigitte wieder Frieden und Selbstwert zu vermitteln. Als ihr Vater nach acht Jahren aus dem Gefängnis entlassen wurde, war Brigitte bereits Studentin. Über die Großmutter machte er einen Versuch, wieder Kontakt zu seiner Tochter aufzunehmen. Das war ein Schock für Brigitte, doch jahrelange Therapiesitzungen hatten sie stark gemacht und ihrer Antwort konnte man nichts entgegensetzen: »Du bist nicht mehr mein Vater. Ich habe ein zweites Leben geschenkt bekommen, denn mein erstes hätte ich nicht weiterleben können. Und du bist der Grund dafür. Du hast kein Recht mehr, mich kennen zu dürfen. Melde dich nie wieder bei mir.«

Im Falle von Kindesmissbrauch gibt es für uns keine Kompromisse und keine Toleranzgrenze. Wenn Kinder innerhalb der Familie zu Missbrauchsopfern werden, empfiehlt es sich meist, zu den schädlichen und gefährlichen Familienmitgliedern jeglichen Kontakt abzubrechen. Nur in den wenigsten Fällen gelingt es trotz Missbrauchserfahrung und selbst nach Reue, Vergebung und Wiedergutmachung, mit den Tätern wieder eine Beziehung aufzunehmen. Natürlich sollte dieser Trennung auf jeden Fall juristischer und psychologischer Beistand vorangegangen sein. Brigitte hat es geschafft.

Ein weniger drastisches Beispiel für einen Menschen, der sich von seinen Eltern lossagte, um endlich Frieden und sich selbst zu finden, ist Robert. Weniger drastisch aus dem Grunde, da er körperlich nie missbraucht wurde – aber trotz allem waren die Probleme, die er mit seinen Eltern hatte, so schwerwiegend, dass er nach einem langen und sehr schmerzhaften Prozess genau wie Brigitte zu der Einsicht kam, dass er ohne seine Eltern ein besseres Leben führen würde. Robert stand mit über zwanzig eines Tages auf, trat vor den Spiegel und kannte den Menschen, den er dort sah, nicht mehr. Wer war er? Was wollte er? Und warum war er hier und musste sich diese Fragen stellen? Wie konnte es überhaupt so weit kommen? Um Robert besser zu verstehen, müssen wir einen Blick auf seine Kindheit werfen und von da an sein Leben bis in die Gegenwart verfolgen. Robert ist das älteste von drei Kindern. Als er geboren wurde, war das ein wahrer Glücksfall für seine Familie. Er wurde als Baby herumgereicht und der Außenwelt präsentiert, als sei er der »Auserwählte«. Wie stolz seine Eltern auf ihn waren! Sein Vater nannte ihn nur noch seinen »Stammhalter«, seine »Renten- und Lebensversicherung«. Roberts Mutter war bereits nach der Entbindung klar, dass der Filius entweder in die Fußstapfen des Vaters treten, also Arzt werden würde – oder ein renommierter Wissenschaftler, der einen Impfstoff gegen Brustkrebs oder Leben auf dem Mars entdecken würde. Auf jeden Fall waren sich die Eltern darin einig, dass Robert seinen Namen unmittelbar nach einem Summa-cumlaude-Abschluss um ein »Dr.« oder gar um einen »Prof.« erweitern solle. Das war auch alles ganz amüsant, bis man bei Robert mit sechs Jahren eine Lernschwäche entdeckte. Da hatte er bereits eine kleine Schwester. Im Klartext hieß das, er sei künstlerisch sehr begabt und kreativ, jedoch werde er ein Leben lang Schwierigkeiten mit Mathematik haben, und dies bedeute höchstwahrscheinlich, dass er es nicht auf ein Gymnasium schaffen werde – damit mussten sich die Eltern von »Herrn Doktor« und »Herrn Professor« verabschieden. Nicht, dass Robert dumm ist – im Gegenteil, er war schon immer ein sensibler, humorvoller und unglaublich friedfertiger Junge, der sich ungemein für Kunst und Natur interessierte, und mit seiner exzellenten Rhetorik konnte er jeden in seinen Bann ziehen. Doch seine Dyskalkulie (mathematische Lernschwäche) ließ den klassischen Weg der Karriereleiter über akademische Instanzen nicht zu. Damit schien keiner ein Problem zu haben – außer Roberts Eltern. Vor allem der Vater war es, der diese Diagnose nicht akzeptieren wollte, und so begann er, mit seinem Sohn tagtäglich Mathematikübungen zu pauken. Doch damit ist diese Lernschwäche nicht zu beheben, und sowohl Robert als auch sein Vater waren einer stetigen Frustration ausgesetzt. In der dritten Klasse war Robert so eingeschüchtert und verunsichert, dass sich bei ihm psychosomatische Beschwerden einstellten: Asthma, Neurodermitis und Migräneanfälle. Erst nach vier Jahren unermüdlichen Bestrebens, den Jungen abends, wenn der Vater von der Arbeit kam, zu einem guten Mathematiker zu drillen, konnten Psychologen, Lehrer und Verwandte die Eltern dazu bewegen, ihren Sohn nicht länger zu malträtieren. Die neue Privatschule, auf die er ab der fünften Klasse geschickt würde, hatte extra dafür ausgebildete

Pädagogen, die sich mit Robert und seinem Problem ausreichend befassen würden. Doch bis dahin war das Kind unzähligen Wutausbrüchen des Vaters ausgesetzt, der in seiner Verzweiflung nicht wahrhaben wollte, dass Robert kein Verhältnis zu Zahlen hat. Die Jahre, die auf das innerfamiliäre Nachhilfemartyrium folgten, waren noch destruktiver für das Seelenheil von Robert, denn bei den Eltern, die beide selber nach dem Motto »Nur wer etwas leistet und in der Gesellschaft zählt, ist ein vollwertiger Mensch« aufgezogen wurden, machte sich nun Zynismus breit. Robert wurde nun immer »der kleine Dumme« oder »Hohlbirnchen« genannt. Vor seinen jüngeren Geschwistern hatte er keine Chance, selber ein wenig Respekt zu bekommen, denn die übernahmen die Haltung der Eltern, dass er halt »ein bisschen zurückgeblieben« sei. Und das tat verdammt weh, zumal er ein wahrer Bücherwurm und in Deutsch, Kunst und Musik einer der Besten in seiner Klasse war. Doch all das zählte nicht, denn er war nun mal nicht auf einem Gymnasium und würde der Erste im Stammbaum ohne Universitätsabschluss sein. Als Robert zwanzig war, entschied er sich, auf eine freie Kunstakademie zu gehen, die lediglich einen Aufnahmetest durchführte, aber kein Abitur verlangte. Seine Eltern gingen auf die Barrikaden. »Erst schießt du deine akademische Laufbahn in den Wind, weil du zu faul warst, rechnen zu lernen, und jetzt willst du nicht mal den Posten in der Firma von Onkel Gerd annehmen, der dir ein sicheres Einkommen beschert? Du bist einfach bekloppt, du warst es und wirst es immer bleiben. Erwarte von uns keine finanzielle Unterstützung, wenn du dich jetzt für diese rote Kifferschule entscheidest!«

Das saß. Das Schlimmste für Robert war, dass dieser Satz

völlig unvorbereitet aus dem Mund seiner Mutter kam und nicht von seinem Vater. Von ihr hätte er ein solch gnadenloses und verständnisloses Statement nie erwartet. Sie war es doch, die sich immer so sehr freute, wenn er ihr zu ihren Geburtstagen eines seiner Ölgemälde schenkte oder sie mit seinen anderen Kunstwerken überraschte.

Robert zog seine Konsequenzen. Er verließ das elterliche Haus und nahm sich ein Zimmer in einer Studenten-WG. Von seiner Großmutter erhielt er ein bescheidenes Taschengeld, das zusammen mit dem Einkommen, das er als Kartenabreißer im Kino verdiente, gerade so ausreichte, um sein Leben allein zu finanzieren. Von da ab ging es ihm besser. In der Schule war man begeistert ob seines Talents und förderte ihn, wo man nur konnte. Da er der Einzige seit Jahren war, der es dorthin ohne höheren Schulabschluss schaffte, hatte er einen kleinen Bonus. So dauerte es nur zweieinhalb Jahre, bis er einen sehr erfolgreichen Abschluss machte, und ein weiteres halbes Jahr, bis er seine eigene Ausstellung eröffnen durfte, in einer sehr bekannten Galerie in Berlin. Alle kamen. Die Presse, Prominente, Abgesandte von der staatlichen Kunstförderung und seine Großmutter, die sehr stolz auf ihren Enkel war. Wer nicht kam, waren Roberts Eltern und seine Geschwister, obwohl er sie eingeladen hatte. Nach Beendigung der feierlichen Vernissage beschloss er, den Kontakt zu seinen Eltern vorerst ganz abzubrechen. Dieser Abend liegt vierzehn Jahre zurück. Robert lebt sehr erfolgreich als freischaffender Künstler mit seiner Frau und seinen zwei Kindern in London, und seine Ausstellungen stoßen weltweit auf Begeisterung. Er ist Komiteemitglied bei der europäischen Kunstförderung und arbeitet als freier Dozent an verschiedenen Hochschulen. Robert hat es geschafft, sich von

Menschen zu lösen, die ihn an seinem Wachstum gehindert und auf dem Weg hin zur Erfüllung seiner Träume gestoppt hatten. Sein Asthma und all die anderen psychosomatischen Begleiterscheinungen sind verschwunden. Vor einer Woche wurde ihm eine Einladung zugeschickt – zum siebzigsten Geburtstag seiner Mutter. Die erste Kontaktaufnahme seit 14 Jahren. Ob Robert und seine Familie dorthin kommen, wissen sie noch nicht. Das Gute daran ist, er selber kann darüber entscheiden. Dies ist eine wahre Geschichte.

Umdeutung des Schmerzes

Keiner dankt einem das eigene Leid. Nur selten bekommen Menschen einen Orden dafür, dass sie besonders lange eine nahezu unerträgliche Situation ertragen, und vor allem ist es die kostbare und unwiederbringliche Zeit Ihres eigenen wertvollen Lebens, die Sie vergeuden, wenn Sie als Opfer passiv in einer »Warteschleife« verharren – in der Hoffnung, dass eines Tages bessere Zeiten kommen. Werden Sie aktiv. Tun Sie etwas, um das Beste aus schlimmen Erfahrungen zu machen. Versuchen Sie anzuerkennen, dass Leid einen Stellenwert in Ihrem Leben hat, dass Sie aus dem erlebten Schmerz einen Nutzen für Ihr künftiges Leben ziehen und schlimme Erlebnisse aus der Vergangenheit Sie reifen und wachsen lassen.

An dieser Stelle möchten wir eine kleine Geschichte erzählen, die Geschichte von der Palme. Sie entstammt nicht unserer Feder, sondern wurde von einem gewissen Franz von Sales verfasst. Der heilige Franz von Sales wurde 1567 in

Frankreich geboren und wurde als Bischof, Ordensgründer, Mystiker und Kirchenlehrer berühmt. Unter anderem ist Franz von Sales Patron der Schriftsteller, Journalisten und der Gehörlosen. Die Geschichte lautet in unserer Nacherzählung folgendermaßen:

In einer Wüste, fern von hier, lebte einst ein böser Mann. Alles Schöne war ihm nichts, und er liebte niemanden. Als er eines Tages auf seiner Wanderschaft an eine Oase gelangte, gewahrte er eine junge Palme, die eben erst gewachsen war. Weil ihm der Anblick des jungen und frischen Lebens zuwider war, fand er flink einen Felsbrocken und legte ihn auf die junge Pflanze, damit sie zugrunde ginge. So getan, wandte er sich zufrieden zum Gehen und verließ den Ort seiner bösen Tat.

Die Jahre vergingen, und der Mann vergaß die Palme. Nach langer Zeit kam er auf seinem Weg durch die Wüste wieder an jene Oase, an der er die Palme mit dem Felsen belastet hatte, um sie zu töten. Doch was war das? Da sah er schon von weitem einen großen, stattlichen Baum am Wasser stehen, der alle anderen weit überragte. Er wunderte sich über die stattliche Erscheinung, und es war ihm nicht wohl, so viel Kraft und Stärke zu begegnen. Und wie er sich über die Quelle beugte, um zu trinken, neigte die große Palme langsam ihre Krone zu ihm hinab und bedeckte ihn mit ihrem Schatten. Da sah er den Fels, den er ihr in die Krone gelegt hatte, als sie noch klein und schwach war. Und wie er noch staunte, begann die Palme zu sprechen: »Ich verbeuge mich vor dir, Fremder, und danke dir für die Last, die du in meine Krone legtest. Durch sie hast du mich stark gemacht.« Und wieder richtete sich die Palme auf, und ihre Krone entschwand seinem Blick. Da schämte sich der Böse und tat von da an niemandem mehr ein Leid an.

Eine ähnliche Aussage aus der Neuzeit findet sich im Refrain des Titelsongs aus einer erfolgreichen amerikanischen Serie: »What doesn't kill us is making us stronger ...« Ein nicht unbekannter Philosoph namens Nietzsche hatte die gleiche Idee ... (»Was mich nicht umbringt, macht mich stärker.«)

Und auch hier, an dieser Stelle des Buches, geht es um nichts anderes. Manche Menschen sind sicherlich schlechter dran als andere, weil sie eine, deutlich gesagt, beschissene Kindheit oder Jugend hatten und heute noch unter den Folgen leiden. Aber irgendwann muss man den Blick von dem Geschehenen abwenden und nach vorne schauen, überlegen, was für einen Nutzen aus den Negativerlebnissen man ziehen, welche eigenen Lebensregeln man dadurch für sich und seine eigene Familie aufstellen sollte. Wenn Sie nun noch nicht an diesem Punkt angelangt sind, können Sie ihn sicherlich in Bälde erreichen: Machen Sie nicht mehr länger andere für Ihren Zustand verantwortlich. Zumindest wäre es hilfreich für Sie, und wir wünschen es Ihnen. Entdecken Sie den »Vater« oder die »Mutter« in sich. Ergreifen Sie das Zepter für Ihr eigenes Leben. Gönnen Sie sich selber das Gefühl von Triumph, wenn Sie sagen können:

- Von nun ab bin nur noch ich für mein weiteres Leben verantwortlich und niemand sonst.
- Ich kann mir selber genug Liebe geben, denn ich akzeptiere mich so, wie ich bin.

- Ich bin es allein, der sich die Menschen in seinem Leben aussuchen kann, die mir guttun.
- **Ich kann auch ohne meine Eltern den Frieden mit meinen Eltern finden.**

Der letzte Satz ist unsere »Hoffnungsbotschaft« für Sie …

Beginnen Sie, für Ihr künftiges Leben nur noch sich selbst verantwortlich zu machen. Werden Sie Ihr eigener Mentor. Die Leitsätze, an denen Sie Ihr Leben orientieren und ausrichten, werden ab sofort von Ihnen definiert. In der Regel steigt man in diesen Bewusstseinsprozess der Eigenverantwortung irgendwann zwischen 25 und 35 Jahren ein. Die einen brauchen länger dafür, bei den anderen kommt die Einsicht früher. Die oben genannten Altersangaben sind lediglich ein Richtwert. Das Leben und unser Geist sind manchmal eben doch nur schwer prognostizierbar. Gott sei Dank.

Kapitel 8

▷ **Das Sechs-Gänge-Familienmenü**

Wir möchten uns selbst treu bleiben. Daher ist nun Schluss mit dem Wälzen von Problemen und dem Definieren von Negativismen. Wir wären nicht wir, wenn wir nicht spätestens an dieser Stelle beginnen würden, Hoffnung und Optimismus zu versprühen.

Lasst ein Meer von Blumen erblühen – mitten in der vereisten Tundra, in den sandigen Ebenen einer trostlosen Landschaft und auf den Dächern grauer und erdrückender Hochhausberge!

(Sehen Sie uns diesen Versuch, poetisch zu sein, doch einfach nach, falls Sie jetzt peinlich berührt den Kopf schütteln.)

Das soll auf den letzten Seiten dieses Buches unsere Botschaft an Sie sein. Packen Sie Ihre familiären Schieflagen beim Schlafittchen und gehen Sie es an. Es kann nur besser werden, wenn Sie aktiv den Heilungsprozess ankurbeln und das Meer von Blumen mit eigener Kraft anpflanzen. Wie? Wir zeigen es Ihnen, doch nichts geht ohne Ihre Mitwirkung. Nichts kann bewegt werden ohne Ihre Reflexion. Es funktioniert folgendermaßen: Wir liefern Ihnen die Anleitung und die Denkanstöße, und Sie bringen es zu Ende – für sich selbst. Und Ihre Familie. Im Fokus jedoch stehen natürlich Sie.

Sie übernehmen nun die Rolle des Chefkochs und kreieren Ihr ganz persönliches Sechs-Gänge-Familienmenü. Nein, Sie benötigen dafür vorerst kein Küchenwerkzeug, und die Schürze können Sie auch im Schrank lassen, denn die Zubereitung kann sich auch nur in Ihrem Kopf abspielen. Zumindest geht es auch ohne. Wenn Sie also kein zweiter Jamie Oliver oder Paul Bocuse sind oder Sie einfach keine Lust auf Kochen haben: kein Problem. Trotz allem macht es tatsächlich Sinn, den ein oder anderen Denkprozess mit einem küchentechnischen Ritual zu verbinden. Warum, erklären wir Ihnen gleich.

Was hat es mit diesem Menü auf sich? Die Kreation des Sechs-Gänge-Familienmenüs ist nichts anderes als die Erstellung eines individuellen Familienplans, einer »Lebenszieltabelle« in Sachen Familie. Jeder Gang steht für einen gedanklichen Schwerpunkt, den zu beantworten Ihre Aufgabe ist. Die Schwerpunkte sind eine Hilfestellung zur Erarbeitung eines Konzepts zum gelungenen Leben in der eigenen Familie – anwendbar für die ursprüngliche, aktuelle oder zukünftige.

Wie passt der kulinarische Aspekt in dieses Kapitel? Nun, wir haben uns lange überlegt, wie man die einzelnen Schwerpunkte noch bildlicher darstellen kann, um Ihnen zu helfen, die von Ihnen definierten Ziele besser zu verinnerlichen. Und da wir beide Kochen zu einer unserer großen Leidenschaften zählen, weil man sehr gut reflektieren und sozusagen »meditativ« über wichtige Lebensaspekte sinnieren kann, während man bei einem Glas Rotwein und seiner Lieblingsmusik – für die einen Klassik, für die anderen »groovige lounge tunes« (wenn Sie das nicht verstanden haben, ist es auch nicht Ihre Musik) – entspannt das Gemüse schneidet und die Sauce anrührt, haben wir uns dazu entschieden, als »Praxistipp« für jeden Gang beziehungsweise jeden Schwerpunkt einen »meditativen Kochexkurs« zu skizzieren, einen Vorschlag, welche Art von Kochritual sich für einen bestimmten Gang anbietet, um das von Ihnen Verfasste noch einmal zu wiederholen und zu verinnerlichen.

Sind Sie bereit? Los geht's.

Schlageter-Hinz-Gourmet-Productions präsentieren:

▷ **Das Sechs-Gänge-Familienmenü**

Erster Gang: Wie will ich Partnerschaft leben?
(Sie müssen diese Dinge natürlich nicht aufschreiben, Sie können sich auch nur Gedanken darüber machen! Dies gilt für alle folgenden Punkte des Menüs.)
Was zeichnet Ihre Partnerschaft aus?
Wenn Sie momentan keine Partnerschaft haben, betrachten Sie Ihre letzte. Versuchen Sie, mindestens vier Attribute zu definieren, die typisch für Ihre Beziehung sind:

_____

_____

_____

_____

Welche Werte sind wichtig für eine Partnerschaft?
(mind. vier Antworten)

_____

_____

_____

_____

Was vermissen Sie in Ihrer Partnerschaft?
(mind. vier Antworten)

_____

_____

_____

_____

Was möchten Sie an Ihrer Beziehung ändern?
(mind. vier Antworten)

_____

_____

_____

_____

Wenn Sie Ihren Partner betrachten, welche Rolle sollte sie/er innehaben?
(zum Beispiel Seelenverwandte(r), gleichberechtigter Partner, Versorger(in), der/die zu Versorgende et cetera)

_____

_____

_____

_____

Meditativer Kochexkurs – Der erste Gang
Bereiten Sie eine Suppe zu. Passenderweise nennen wir sie einfach mal Ihr ganz individuelles »Hochzeitssüppchen«. Überlegen Sie sich bei jeder Zutat, für welchen Beziehungswert dieser jeweilige Inhalt steht (zum Beispiel Pfeffer für die »Schärfe«, Fleischeinlage für einen starken Bund, Kresse für Zärtlichkeit und Verspieltheit etc.). Dann gut pürieren, damit sich diese Eigenschaften auch schön verbinden. Am Ende kommt als krönender Abschluss auf jeden Suppenteller ein Sahnehäubchen, das symbolisch für den allumfassenden Begriff steht, der Ihre Idealbeziehung am besten beschreibt. Dies kann entweder eine Zusammenfassung aller Aspekte sein, die Ihre Partnerschaft beinhalten soll, oder Sie heben ein Charakteristikum hervor, das Sie in einer Partnerschaft als am wichtigsten erachten. Also, was ist Ihr ganz persönliches Sahnehäubchen?

Zweiter Gang:
Wie will ich mit meinen Eltern umgehen?

Überlegen Sie sich, wie Sie als erwachsener Mensch mit Ihren Eltern umgehen möchten. Wie sollen Ihre Eltern Ihnen künftig gegenübertreten?

- Als Autoritäten, die Ihnen nach wie vor sagen, wie Sie Ihr Leben gestalten sollten?
- Als Freunde, die mit Ihnen durch dick und dünn gehen und Sie in Ihren Vorhaben unterstützen, egal, was Sie machen?
- Als Lebensberater, die auf Fragen Ihrerseits stets mit Hilfe und Unterstützung zur Verfügung stehen, sich aber nicht ungefragt einmischen würden?
- Sollten Ihre Eltern in Ihrem Leben nur noch eine untergeordnete beziehungsweise überhaupt keine Rolle mehr spielen, da Sie endlich auf eigenen Beinen stehen möchten und sich von Ihren Eltern stets unverstanden, vernachlässigt oder eingeschränkt fühlten?
- Oder... (definieren Sie Ihre eigene Vorstellung)

Welche Rolle sollen meine Eltern in meinem Leben spielen?
(mehr als eine Rolle ist möglich)

_____

_____

_____

_____

Meditativer Kochexkurs – Der zweite Gang

Bereiten Sie ein Stück Fleisch zu. Nehmen Sie dazu ein Putenschnitzel oder ein Steak. Vegetarier können eine halbe Aubergine oder eine Zucchini verwenden. Überlegen Sie sich, ob Sie das Stück Fleisch oder das Gemüse, das Ihre Eltern darstellt, »ganz« lassen und nur kurz anbraten, oder ob Sie es durch den Fleischwolf drehen oder platthauen oder würfeln. Lassen Sie hier Ihrer Wohlgesinnt oder Ihrer unterdrückten Aggression freien Lauf. Je mehr Sie die Form verändern, desto mehr verändern Sie den Charakter Ihrer Eltern beziehungsweise deren Rolle in Ihrem Leben. Und durch Gewürze und Saucen haben Sie die Gelegenheit, sie zusätzlich zu verfremden oder zu verändern. Diese Veränderung sollte natürlich in einem positiven Zusammenhang stehen, denn keiner verwürzt sein Fleisch freiwillig. Möchten Sie mit Ihren Eltern nach reiflicher Überlegung tatsächlich brechen, besorgen Sie sich ein Stück Billigfleisch und lassen Sie es theatralisch und begleitet von den Klängen einer Wagner-Oper in den Mülleimer gleiten – und danach nehmen Sie den Müllbeutel gleich heraus, knoten ihn zu und werfen ihn in die Tonne. So verläuft die Trennung kurz und schmerzlos. Wir persönlich hoffen, Sie kommen nicht an diesen Punkt und kreieren lieber einen Jahrhundertgang, der höchste Gaumenekstase hervorruft. Denn landet Ihr Hausmüll erst einmal auf einer Sammelstelle, und es ist unmöglich, das Fleisch wiederzufinden. Dieser Schritt schafft also in den meisten Fällen einen bestimmten Zustand – die Unwiederbringlichkeit.

Dritter Gang:
Wie will oder würde ich meine Kinder erziehen?

Das ist ein wesentlicher Punkt im Familienmenü, aber nur, wenn Sie Kinder haben oder planen, welche zu bekommen. Welche Erziehung möchten Sie ihnen zukommen lassen? Sollen sie in einer liberalen, autoritären, komplett antiautoritären Familie oder als Mitglied »im Team« erzogen werden?

Überlegen Sie sich dazu mindestens fünf Eigenschaften, die Sie Ihren Kindern entgegenbringen und vermitteln möchten (zum Beispiel Liebe, Vertrauen, Offenheit, Ehrlichkeit), oder definieren Sie Attribute, wie Sie Ihre Kinder erziehen möchten (autoritär, antiautoritär, gleichberechtigt et cetera).

_____

_____

_____

_____

_____

Meditativer Kochexkurs – Der dritte Gang
Bereiten Sie eine Gemüsepfanne zu, denn Kinder sind zarte und sensible Individuen, die noch geformt werden müssen.

Seien Sie behutsam bei der Zubereitung des (jungen) Gemüses, putzen Sie Karotten, Zucchini oder Tomaten so, dass Sie die Schale nicht beschädigen. Dort sind die meisten guten Eigenschaften, die Vitamine et cetera. Blanchieren oder dampfgaren Sie das Gemüse nur kurz, damit es wenig vom eigentlichen Aroma und der jeweiligen Individualität verliert und seine Farbe und die Vitamine beibehält. Verfeinern Sie das Gemüse mit frischen Kräutern, um ihm so eine besondere Note zu verleihen, ohne den eigentlichen Charakter zu verändern oder zu manipulieren. Das Wichtigste bei diesem Gericht ist, dass man den Eigengeschmack und die Persönlichkeit der jeweiligen Gemüsesorte aufrechterhält und nicht versucht, aus einer Aubergine ein Schweinenackensteak zu machen. Gemüsearten lassen sich nicht gerne und vor allem nicht ohne spätere Schäden verbiegen – genau wie wir Kinder. Lassen Sie sich bei der Zubereitung viel Zeit und gehen Sie behutsam vor. Sollten Sie keine Kinder in Ihrer Lebensplanung vorgesehen haben, lassen Sie diesen Gang einfach aus.

Vierter Gang:
Welche Funktionen hat Familie in meinem Leben?

Betrachten Sie sich und Ihr momentanes Leben. Sehen Sie sich als unabhängige, eigenständige Persönlichkeit, die den Alltag allein meistert? Oder sind Sie Ihrer Meinung nach eher ein Teamspieler, ein Mitglied innerhalb der Familie? In unserer Fragestellung dürfen Sie bitte keine Wertung herauslesen. Nein, das ist von uns ganz und gar nicht beabsichtigt. Es gibt Familienstrukturen, die äußerst wichtig und gesund für die Persönlichkeit eines Menschen sein können. Daher überlegen Sie in aller Ruhe, welche Funktion Ihre Familie in Ihrem heutigen Leben als Erwachsener spielt. Ziehen Sie dazu ruhig beide Familien heran, wenn Sie zwei haben (wir meinen damit Ihre Ursprungsfamilie und Ihre eigene). Unter Umständen sehen Sie sich von Ihrer Herkunftsfamilie völlig abgenabelt und emanzipiert oder nach wie vor in einer untergeordneten Position. Eventuell betrachten Sie sich in Ihrer eigenen, also durch Sie mit gegründeten Familie als Oberhaupt, gleichberechtigtes Mitglied oder gar als unterdrücktes Objekt. Wenn Sie Ihre eigene Position geortet haben, versuchen Sie für sich zu definieren, welche Rolle die Familie(n) in Ihrem Leben spiel(t)en.

Welche Funktionen in meinem Leben stellt Familie für mich dar?

Meditativer Kochexkurs – Der vierte Gang

Sie machen einen Auflauf! Oder zwei, wenn Sie schon eine eigene Familie gegründet haben. Sie sind entweder Nudeln, Reis oder Kartoffeln, also der Grundstock. Bestimmen Sie selber, ob Ihre Familie(n) in der Schichtenhierarchie über Ihnen oder unten Ihnen liegen, ob Sie in Ihrem Leben die Oberhand behalten und Ihre Familie eine Schicht unter Ihnen darstellt (Schinken, Fleisch oder Gemüse) oder ob Ihre Familie der Käse ist, der Sie bedeckt und damit nach wie vor Ihr Leben maßgeblich mitbestimmt. Natürlich würden wir uns freuen, wenn Sie bei der Zubereitung noch ein wenig mehr ins Detail gehen und einzelne Personen Ihrer Familie als Zutaten oder Schichten betrachten, um so noch genauer festzulegen, wer unter, neben oder über Ihnen liegt. Unter Umständen kann der Auflauf dann geschmackstechnisch etwas exotischer als gewöhnlich ausfallen, aber besser, Sie haben eine Eigenkreation geschaffen als etwas, das Sie an jedem Straßenimbiss bekommen.

Fünfter Gang: Wo erlebe ich Familie und wo nicht?

Betrachten Sie Ihr gegenwärtiges Leben. Gehen Sie den Ablauf Ihres Alltags durch. Was machen Sie an Werktagen? Was an den Wochenenden oder Feiertagen? Wo findet man Sie in Ihren Urlauben? Und nun denken Sie darüber nach, wann, wo und wie oft Ihre Ursprungsfamilie dabei noch einen Schatten über Sie wirft. Dieser Schatten kann natürlich auch angenehm und kühlend sein und muss nicht zwangsläufig bedrohlich über Ihnen hängen. In welchen Bereichen Ihres Lebens sind Sie nach wie vor von Ihrer Familie beeinflusst? Wir grenzen in diesem Gang bewusst die eigene, von Ihnen mit gegründete Familie aus, denn die ist in Ihrem Leben – vor allem in einem frühen Stadium – meist allgegenwärtig.

In diesen Bereichen erlebe ich Familie

_____

_____

_____

_____

_____

In diesen Bereichen lebe und handle ich allein

_____

_____

_____

_____

_____

_____

In diesen Bereichen möchte ich ohne familiären Einfluss leben und handeln

_____

_____

_____

_____

_____

Meditativer Kochexkurs – Der fünfte Gang

In diesem Gang geht es darum, Gerichte zuzubereiten, bei denen Sie bewusst auf eine sonst gebräuchliche Zutat verzichten. Kreieren Sie mindestens zwei Speisen, die Sie mit den Bereichen Ihres Lebens gleichsetzen, die Sie künftig ohne familiären Einfluss erleben möchten. Beispiel: Ihre Eltern sind Eier. Ist ja irgendwie gar nicht so abstrakt, denn wir Säugetiere schlüpfen entweder aus Eiern oder werden mit Hilfe eines Eis gezeugt. Und nun nehmen Sie zwei Gerichte, zu denen normalerweise Eier gehören. Diese beiden Speisen stehen beispielsweise für die Lebensbereiche »Beziehungs- und Liebesleben«. Diese Gerichte bereiten Sie nun ohne die Eier zu und versuchen, einen ebenbürtigen Ersatz zu finden. Wenn das Gericht nach der Zubereitung essbar ist – herzlichen Glückwunsch! Sie haben erkannt, dass Sie es auch allein schaffen können. Für den Fall, dass es fade schmeckt oder nicht bindet – seien Sie bitte ein wenig kreativer und versuchen Sie es noch einmal! Kleiner Tipp: Um eine sinnvolle Menüfolge zu gewährleisten, empfehlen wir an dieser Stelle die Zubereitung eines ersten Dessertgangs! Wie wäre es mit einer Mousse oder einem Tiramisu?

Sechster Gang: Meine Familie soll sein …

Der krönende Abschluss Ihres Menüs – nehmen Sie sich für diesen Gang viel Zeit. Wir garantieren Ihnen, die Zubereitung wird Ihnen Freude bereiten und Sie motivieren. Versuchen Sie, sich für eine Weile von allen Zwängen und Tatsachen Ihres familiären Lebens zu befreien, einen Zustand zu erreichen, der Sie von Verantwortung und Schuldgefühlen entbindet. In diesem Augenblick sind Sie ein Einzelgänger, der nun wie in einem farbenfrohen Puzzle einzelne Teile um sich herum, unter oder über sich versammelt und diese zu einem Ganzen zusammenfügt, zu einer Familie. Und nun überlegen Sie sich, welche Eigenschaften Ihre Familie auszeichnen sollte, damit Sie ein rundum glücklicher Familienmensch wären. Haben Sie bereits eine eigene Familie, können Sie diesen Reflexionsprozess zweimal durchgehen (Ursprungs- und Eigenfamilie). Möchten Sie, dass Ihre Mutter verständnisvoll ist, dann fügen Sie die Eigenschaften Weitblick und Einsicht in Ihr Familienpuzzle. Hätten Sie sich von Ihrem Vater mehr Liebe gewünscht, dann nichts wie her mit den Eigenschaften Wärme, Geborgenheit und Sensibilität. Und so können Sie die verschiedenen wünschenswerten Attribute in Ihr Familienpuzzle einströmen lassen, bis Sie mit Ihrem »Gesamtkunstwerk« zufrieden sind. Sie fragen, was Ihnen das für Ihre Ursprungsfamilie bringt? Wir sind der Meinung, dass es nie zu spät ist, die guten Eigenschaften in der Familie zu suchen; bei Mutter, Vater oder Geschwistern. Denn wenn Sie wissen, nach was Sie suchen, tun Sie sich auch leichter, es zu finden. Sollten Sie die wünschenswerten Attribute bei der betreffenden Person partout nicht finden, halten Sie nach anderen liebenswerten Eigenschaften Ausschau – oder Sie finden das gewünschte Attribut bei einem anderen Mitglied Ihrer Familie. Wenn Sie trotz aller Versuche bei Ihrer Suche nach diesen Eigenschaften innerhalb der Ursprungsfamilie erfolglos bleiben, wissen Sie doch zumindest, wie Sie sich eine »gesunde« Familie vorstellen und was Sie bei Ihrer eigenen Familie in Gang setzen sollten, um es »besser« zu machen. Der Vorteil bei der eigenen, von Ihnen mit gegründeten Familie ist, dass Sie durch geschickte und sensible Interaktion und Erziehung noch einen positiven Einfluss auf die Vermittlung dieser von Ihnen angestrebten Eigenschaften haben. Aber denken Sie dran: Niemand lässt sich gerne verbiegen, Sie zuallererst nicht. Daher erwarten Sie es auch nicht von anderen.

Folgende Eigenschaften wünsche ich mir für meine Ursprungsfamilie

Vater:

_____

Mutter:

_____

Sonstige Erziehenden:

_____

Geschwister:

_____

Geschwister:

_____

Großväter:

_____

Großmütter:

_____

Die ganze Familie:

_____

Folgende Eigenschaften wünsche ich mir für meine eigene Familie

Partner:

_____

Ich:

_____

Kind:

_____

Kind:

_____

Die ganze Familie:

_____

Meditativer Kochexkurs – Der letzte Gang

Was bietet sich an dieser Stelle mehr an als eine gewaltige Festtagstorte im Stil eines Hochzeitskuchens oder einer Jubiläumseistorte? Es ist der Höhepunkt Ihres Familienmenüs, daher sollten Sie sich für die Zubereitung dieses Gangs die meiste Zeit nehmen. Verwenden Sie bei den Zutaten, die die erstrebenswerten Eigenschaften Ihrer Familie(n) darstellen, nur die hochwertigsten Ingredienzen. Vielleicht ein wenig Marzipan, besten Rum und Eier aus Freilandhaltung – Qualitätsmerkmale, die gleichbedeutend sein könnten mit Ehrlichkeit, Demokratie und Toleranz. Ihnen werden sicherlich noch viel mehr Zutaten für den Teig und die Füllmasse einfallen. Die Hauptsache ist, dass Sie all diese Zutaten gut vermengen und sich so die positiven Eigenschaften miteinander vermischen, um auf diese Weise die bestmögliche Synergie zu bilden. Nachdem der Kuchen oder die Torte fertiggebacken ist, machen Sie sich an die Garnierung. Sie tun nun nichts anderes, als die einzelnen Mitglieder Ihrer Familie, oder zumindest die Mitglieder, die Ihnen wirklich am Herzen liegen, auf dem gebackenen Gesamtkunstwerk entsprechend zu plazieren, um ihnen allesamt die Summe der erwünschten Familieneigenschaften zukommen zu lassen. Gehen Sie dabei entsprechend Ihrer persönlichen Vorlieben nach. Lieben Sie es fruchtig, so werden aus Vater, Mutter und Kindern knallrote und herrlich frische Erdbeeren. Sind Sie ein durch und durch süßes Gemüt, drapieren Sie auf Kuchen oder Torte die besten Nougatpralinen oder Marzipanrosen, die Sie bekommen können.

Und voilà – fertig ist Ihr sechster Gang. Herzlichen Glückwunsch! Es ist vollbracht! Sie haben soeben Ihr ganz persönliches Sechs-Gänge-Familienmenü fertiggestellt. Mit den einzelnen Gängen haben Sie ein Plangerüst entworfen, eine Orientierungshilfe mit von Ihnen definierten Leitfäden für ein Leben innerhalb der Familie.

Zu guter Letzt ...

... möchten wir Ihnen an dieser Stelle unseren Dank und unsere Anerkennung zukommen lassen. Wir freuen uns, dass Sie sich unseres kleinen Buches angenommen haben. **Die liebe Familie** – es wäre Ihnen zu wünschen, dass auch Sie eine solche haben oder zumindest einzelne Mitglieder Ihrer Verwandtschaft, die dieser Bezeichnung entsprechen. Im schlimmsten Falle machen Sie Folgendes: Gestalten Sie Ihre Familie selbst. Und da wir hoffen, dass Sie sich selbst »genügen« und dementsprechend genug lieben, stimmt die Bezeichnung ja: **Die liebe Familie** – egal, ob sie aus zehn oder zwei Verwandten oder Ihren besten Freunden besteht. Wichtig ist bei einer glücklichen und intakten Familie nämlich nicht die Quantität oder das Verwandtschaftsverhältnis, sondern die Qualität der Beziehungen und Verbundenheit der Personen.

Vielleicht sind Sie bei dem ein oder anderen Punkt in diesem Buch unterschiedlicher Meinung. Das ist völlig in Ordnung, denn wie auch bei unserem ersten gemeinsamen Buch läge uns nichts ferner, als Ihnen unsere Meinungen aufzuzwingen. Mit diesem Buch wollten wir Sie zum Nachdenken anregen – über die eigene familiäre Vergangenheit, Gegenwart und Zukunft. Im besten Falle haben Sie während der Lektüre alte Geschichten aus Ihrer Kindheit und Jugend wieder in Ihr Bewusstsein zurückgerufen, mit den dazugehörigen Eindrücken, Gerüchen, Geräuschen und am allerwichtigsten: den damit verbundenen Gefühlen. So vieles aus der Vergangenheit bedingt unser heutiges Leben, und man vergisst leider manchmal viel zu schnell, was unser gegenwärtiges Denken und Handeln beeinflusst und steuert. Wir alle sind Kinder und haben in den ersten 20 Lebensjahren so viele Eindrücke gesammelt wie in unserem ganzen restlichen Leben zusammen. Also fand zu Beginn unseres Daseins, bis wir zu einem jungen Erwachsenen heranwuchsen, anscheinend am meisten Prägung statt. Umso bedauernswerter wäre es demnach, wenn man aus dieser Zeit nicht genügend positive Eindrücke in sein restliches Leben transportiert, und das möchten wir bei Ihnen auslösen: dass Sie den negativen Dingen aus Ihrer Vergangenheit ihren notwendigen Platz im heutigen Leben einräumen, um daraus zu lernen. Aber noch viel wichtiger ist es, dass Sie die positiven Eindrücke und Prägungen dankbar in die Gegenwart integrieren und Verständnis für Familienmitglieder entwickeln, die Ihnen früher Ihrer Meinung nach unrecht getan haben. Denn auch wenn wir in diesem Buch äußern, dass unserer Ansicht nach in seltenen Fällen ein Bruch mit der Ursprungsfamilie eine notwendige Konsequenz sein kann, um sich mit seiner Vergangenheit auszusöhnen, möchten wir an dieser Stelle noch einmal eindringlich darauf hinweisen, dass ein solcher Schritt nur unter äußersten Umständen gemacht werden sollte. Fast immer gibt es eine Möglichkeit, wie Sie nach einem familiären Zerwürfnis, egal, ob mit Mutter, Vater, Bruder oder Schwester et cetera, den Weg zurück in Ihre Familie finden. Manchmal erfordert es eine ungeheure Portion Charakterstärke, um über den eigenen Schatten zu springen und den ersten Schritt zur Versöhnung zu unternehmen. Aber diese Courage tragen Sie in sich, da sind wir uns sicher. Zudem ist man als Initiator einer Aussöhnung immer der Gewinner, auch wenn der Versuch von der Gegenseite abgelehnt wird. Aber dazu kommt es hoffentlich in den seltensten Fällen. Jedoch thront über all diesen schlauen Ratschlägen, Problematiken und Denkanstößen mütterlich und allumfassend ein entscheidender Punkt, an den Sie sich Ihr Leben lang halten sollten: Bleiben Sie sich selbst treu. Versuchen Sie nicht, Mitglieder Ihrer Familie zu kopieren, nur um deren Erwartungen zu erfüllen und keine allzu großen Konflikte zu kreieren. Dazu ist Ihr Leben zu einzigartig und zu kurz und Sie zu individuell, um ein Erbe anzutreten, das Ihrer Lebensauffassung nicht entspricht. Die einen sind eben ausgemachte Familienmenschen, die ein Höchstmaß an positiver Energie aus dem Leben in der Gemeinschaft ziehen. Die anderen haben lieber ein unabhängigeres Leben und bereisen 35 Jahre lang die Welt – ohne Kind und Kegel. Auch gut – solange Sie lächeln. Wir zumindest tun es. Und wünschen Ihnen alles erdenklich Gute.

Ihre Holger Schlageter und Patrick Hinz

▷ Anmerkungen

1 Mehr dazu finden Sie in: Erikson, Erik H., 1999: Kindheit und Gesellschaft. 13. Aufl., Ernst Klett Verlag, Stuttgart. (Orig. 1950)

2 Ähnliche Ergebnisse wurden inzwischen auch von der Forschungsgruppe um Jörg Schumacher in Jena gefunden und von Friedrich Lösel in Erlangen an Heim- und Pflegekindern bestätigt.

3 Werner, E. E., Smith, R. S., 1982

4 Das Originalzitat heißt: *non scholae sed vitae discimus* – falls Sie mal jemanden beeindrucken wollen. Es stammt von Seneca, dem römischen Philosophen und Politiker, der den berühmt-berüchtigten Kaiser Nero erzog, der ihn dann später zum Selbstmord zwang. So geht's ...

5 s. Schlageter, H./Hinz, P.: Love Academy. In 10 Schritten zu einer glücklichen Beziehung, Knaur, 2006

6 In den siebziger Jahren hat man in psychiatrischen Einrichtungen Englands und der USA immer wieder festgestellt, dass Eltern ihre »gestörten« Kinder ablieferten, um sie therapieren zu lassen, dies aber keine wirklichen Erfolge brachte. Also fing man an umzudenken und entdeckte, dass Therapien, die auch die Eltern mit einbezogen, viel erfolgreicher waren. So wurde im Laufe der Jahre immer deutlicher bewiesen, was viele schon lange angenommen hatten: Es sind die Familien, die krank sind, nicht die Kinder. Die sind lediglich Symptomträger eines gestörten Umfeldes. Mehr zu Familiensystemen finden Sie unter: Luthman, S. / Kirschenbaum, M.: Familiensysteme. Wachstum und Störungen. Einführung

in die Familientherapie. München, 1977. Schlippe, A. von: Familientherapie im Überblick. Basiskonzepte, Formen, Anwendungsmöglichkeiten. Paderborn, 1993. Satir, V.: Kommunikation, Selbstwert, Kongruenz. Konzepte und Perspektiven familientherapeutischer Praxis. Paderborn, 1994

[7] The Oxford English Dictionary, Oxford University Press. Oxford, 2006

[8] Mendel, Matthew P.: The Male Survivor. The Impact of Sexual Abuse. Sage Publications, 1995, 45

[9] Beal, E. E., und Hochman, G.: Wenn Scheidungskinder erwachsen sind. Frankfurt am Main, Wolfgang Krüger Verlag, 1992

[10] ebd.

[11] ebd.

[12] Schlageter/Hinz: Love Academy. In 10 Schritten …

[13] Zur Sage des Narziss s. Love Academy, S. 339 f.

[14] Jeder zehnte Jugendliche (weibliche öfter als männliche) zwischen 14 und 19 Jahren ritzt sich in Deutschland im Jahr 2007. (Aktuelle Studie der Ulmer Tagesklinik für Kinder- und Jugendpsychiatrie. Vgl. Artikel in: *Welt*, 15. März 2007.)